AF330256

L'OMGANG DE LOUVAIN,

DISSERTATION HISTORIQUE ET ARCHÉOLOGIQUE

SUR CE CÉLÈBRE CORTÉGE COMMUNAL,

PAR L'ARCHIVISTE

Edward van Even.

OUVRAGE ORNÉ DE 36 PLANCHES, GRAVÉES SUR PIERRE,
D'APRÈS LES DESSINS ORIGINAUX EXÉCUTÉS EN 1594.

LOUVAIN,

TYPOGRAPHIE DE C.-J. FONTEYN, LIBRAIRE-ÉDITEUR,
Rue de Bruxelles, N° 6 et 8. | Rue de Namur, N° 37.

BRUXELLES,

T.-J.-I. ARNOLD, ÉDITEUR-LIBRAIRE,
Rue de l'Hôpital, N° 12.

1863.

BIBLIOTHÈQUE NATIONALE R. F. IMPRIMÉS

ACQUISITION N° 017655

PRÉFACE.

Parmi les *Omgangen* ou Cortéges historiques qui parcouraient autrefois, tous les ans, les rues des grandes communes de la Belgique, celui de Louvain occupait indubitablement une première place. Institué à la fin du 14ᵉ siècle, pour célébrer l'anniversaire de la fameuse défaite des Normands en 891, il fut successivement augmenté de chars et de personnages nouveaux, et devint au 16ᵉ siècle le plus imposant et le plus considérable du pays. On y observait non-seulement des chars historiques, des figures gigantesques ou bizarres, des géants et des monstres, mais aussi toutes les autorités civiles et ecclésiastiques, toutes les corporations religieuses, toutes les *Gildes* et tous les corps de métiers. Le premier dimanche de Septembre, jour de la Kermesse communale, les populations accouraient de tous les points des Pays-Bas pour voir défiler ce Cortége magnifique dans les rues de la capitale du Brabant.

Le Louvaniste Gᵐᵉ Boonen nous a laissé, dans un manuscrit, achevé en 1594[1], une représentation exacte de toutes les parties dont se composait alors l'*Omgang* de notre commune. La haute importance qu'offre cette suite de dessins, tant sous le rapport de l'histoire des mœurs et des coutumes que sous celui de l'art et de l'archéologie, nous a engagé à la publier avec une dissertation historique sur le Cortége. Constatons en passant qu'aucune ville du pays ne possède une collection des dessins de son *Omgang* remontant au 16ᵉ siècle.

Boonen ne cultivait le dessin qu'en amateur. On ignore le nom de son maître. Mais ses productions prouvent d'une manière péremptoire qu'il dut fréquenter l'atelier d'un excellent artiste de l'époque. Les dessins de l'*Omgang* ne sont, à proprement parler, que des croquis. Toutefois on y observe une science de la forme qui témoigne d'études sérieuses. Chaque figure a une tournure convenable et dégagée. Les groupes historiques sont traités avec une grande hardiesse, avec une entente parfaite de la composition. Dans les dessins des chars Boonen a démontré qu'il ignorait complétement les règles de la perspective, défaut assez commun chez les artistes du 16ᵉ siècle.

Nous ne connaissons pas de copie ancienne de toutes les figures du cortége de Louvain[2]. Les croquis de Boonen ont été copiés, en 1825, par feu M. P.-J. Geedts, alors directeur de l'académie de Louvain[3], dans un cahier qui fait actuellement partie de l'intéressante collection archéologique de M. P.-J. Goetghebuer, architecte à Gand. Mais au lieu de suivre littéralement les contours du vieil auteur, cet artiste jugea bon de donner à ses dessins plus de développement et plus de régularité. Geedts était un adepte de l'école pseudo-hellénique de David.

Les dessins de nos planches ont été calqués et complétés avec tout le soin possible par M. Henri Otto, artiste-peintre, à Louvain. M. Louis van Peteghem, graveur à Bruxelles, les a traduits sur pierre avec le dévouement que réclamait une tâche aussi difficile.

---

[1] Voyez ce que nous avons dit du manuscrit de Boonen à la page 36 du présent volume.

[2] Le second volume du manuscrit de Boonen a été souvent transcrit. Nous en connaissons plusieurs copies du 17ᵉ siècle. Il a également été transcrit et annoté par notre chroniqueur Michel-François Pelckmans, né à Louvain le 11 août 1732, et y décédé le 12 février 1808. Cette copie, qui forme 2 volumes in-4º, se trouve actuellement à la Bibliothèque de Bourgogne. Voyez notre notice sur Pelckmans dans l'*Eendragt* de Gand de 1856.

[3] Josse-Pierre Geedts, né à Louvain le 5 janvier 1770, était fils de Martin Geedts et de Jeanne-Catherine Stier. Après avoir achevé ses études artistiques à l'Académie d'Anvers et à l'atelier du peintre Guillaume Schaken, il se fixa dans sa ville natale et y épousa Jeanne Everaerts. Geedts, qui dirigea pendant trente ans notre académie des Beaux-Arts, mourut à Louvain le 17 décembre 1834.

Dans le dessin offrant la représentation d'un mystère à la Grand'Place de Louvain, Boonen a réproduit l'hôtel de ville dans le style italien à la mode au 16e siècle. Nous avons fait restituer au monument son caractère primitif. Le perron de l'édifice, qu'on voit dans notre planche, est celui qui figure dans le dessin de Boonen. La rampe, qu'on y observe, fut forgée en 1470, par Josse Metsys. Dans le même dessin le fond du marché est vide. Nous avons fait remplir cette lacune en y introduisant les maisons en bois qui se trouvaient jadis à l'ouest de la Grand'Place. Cette partie de notre planche a été exécutée d'après une gravure sur bois représentant l'incendie qui éclata dans l'une de ces demeures, le 6 novembre 1786, et qui les dévora complétement.

Nous devons à l'amitié de M. Goetghebuer les dessins des six mannequins suivants qui furent ajoutés au cortége au 17e siècle :

1° Le Fils du Géant ; 2° la Fille du Géant ; 3° deux Enfants sur des chevaux de bois ; 4° *Kinnebaba* ; 5° la Nourrice et l'Enfant au berceau ; 6° le grand Eléphant monté par les quatre parties du monde.

Ces figures ont également été copiées, en 1825, par M. Geedts, d'après des dessins anciens actuellement détruits ou perdus.

En prenant la résolution de publier un livre sur l'*Omgang* de Louvain, nous ne nous dissimulions nullement la difficulté d'un pareil travail. Nous savions que tous les renseignements dont nous avions besoin se trouvaient disséminés dans un grand nombre de manuscrits et surtout dans la volumineuse collection des comptes de la ville. Mais nous ne nous sommes pas arrêté devant cette considération. Nous avons parcouru une seconde fois nos vieux registres et nous en avons extrait une longue série de textes précieux.

Le désir d'utiliser autant que possible nos renseignements inédits, nous a fait recourir au petit caractère pour l'impression des parties les plus étendues de notre travail. Nous espérons que nos souscripteurs trouveront dans cette détermination l'assurance que nous avons fait notre possible pour répondre aux témoignages de sympathie qu'ils ont bien voulu nous donner.

Messieurs les membres du collége échevinal de la ville de Louvain ont également droit à notre reconnaissance pour le généreux concours qu'ils ont bien voulu nous prêter. Ils ne se sont pas borné à nous accorder l'autorisation de publier les dessins du manuscrit de Boonen ; mais ils ont en outre souscrit pour 10 exemplaires. Nous avons été fort sensible à ces marques d'intérêt de la part des magistrats qui dirigent avec la plus grande sollicitude, avec le dévouement le plus complet, les affaires de notre ville natale, et nous les prions d'en recevoir l'assurance de notre profonde gratitude.

Nous osons espérer que les archéologues, les artistes et en général les amateurs des annales du pays apprécieront l'utilité de notre livre au point de vue de la science. Il existe dans plusieurs recueils périodiques des bons articles sur les *Omgangen* ; mais l'on chercherait vainement un travail spécial embrassant toutes les phases de l'histoire de l'un de ces cortéges communaux. C'est cette lacune que nous avons essayé de combler.

Nous sommes convaincu que notre travail laissera à désirer sous le rapport de la correction et du style. Mais nous pensons qu'il serait injuste d'exiger une diction toute française d'un flamand qui passe sa vie à déchiffrer, à transcrire et à analyser des textes du moyen-âge. Du reste, notre publication est une œuvre scientifique et non une œuvre littéraire. Si nous avons pu exposer *clairement* l'histoire du vieux cortége de Louvain, quelque lecteur bienveillant nous saura peut être gré d'un travail qui nous a coûté des recherches et des soins considérables.

L'AUTEUR.

LISTE DE SOUSCRIPTION.

L'Administration communale de Louvain.	10
Arnold (T.-J.-I.), libraire, à Bruxelles.	5
Bekkers (J.-J.), artiste-peintre, professeur à l'Académie des Beaux-Arts de Louvain.	1
Bibliothèque (la) centrale au ministère de l'Intérieur.	2
Bibliothèque (la) du Régiment des Carabiniers, à Bruxelles.	1
Campan (Ch.-Al.), secrétaire de la Société de l'Histoire de Belgique, à Bruxelles.	1
Carleer (Auguste), conseiller communal, à Louvain.	1
Chalon (René), membre de l'Académie royale de Belgique, à Bruxelles.	1
Cools (Eugène), propriétaire à Becquevoort, canton de Diest.	1
De Burbure (le chevalier Léon), membre de l'Académie royale de Belgique, à Anvers.	1
De Croy (le prince Alfred), étudiant à l'Université de Louvain.	1
De Fauconval (le baron Ch.-M.-J.), propriétaire, à Louvain.	1
De Fré (Louis), membre de la Chambre des Représentants, à Bruxelles.	1
De Limburg-Stirum (le comte Thierry), propriétaire, à Gand.	1
De Ram (Mgr P.-F.-X.), Recteur Magnifique de l'Université de Louvain.	1
De Rode (le Dr Laurent), conseiller communal, à Louvain.	1
De Swert (Eugène), docteur en droit, à Louvain.	1
D'Udekem d'Acoz (le baron Gérard), propriétaire, à Louvain.	1
Evrard (Antoine-Jean), chef de bureau à l'Administration communale de Louvain	1
Gillet (M.-J.), Colonel Commandant le Régiment des Carabiniers, à Bruxelles.	1
Goetghebuer (P.-J.), architecte, à Gand.	1
Henry de Cocqueau (Fr.), propriétaire, à Louvain.	1
Loucx (Victor), architecte, à Louvain.	1
Mertens (l'abbé Auguste), sous-aumônier à la prison cellulaire, à Louvain.	1
Mertens (F.-H.), bibliothécaire de la ville d'Anvers.	1
Le Ministère de l'Intérieur.	12
Peemans (Henri), avocat, vice-président du Conseil provincial de Brabant, à Louvain.	1
Poullet (C.-J.), échevin de la ville de Louvain.	1
Poullet (Edmond), docteur en droit, à Louvain.	1
Roberti (Jules), notaire, à Louvain.	1
Rombauts (Philippe), greffier de l'Académie royale d'Anvers.	1

Rœlens (J.-F.), propriétaire, à Louvain.

Rœlens (Charles), conservateur adjoint à la Bibliothèque royale, à Bruxelles.

Schœffer (le chanoine J.), archiviste de l'Archevêché de Malines.

Schoeters (Pierre), secrétaire communal, à Herent lez Louvain.

Serrure (C.-P.), professeur à l'Université de Gand.

Séve (Edouard), homme de lettres, à Bruxelles.

Société royale « Roos en Eikel, » à Louvain.

Staes (Pierre-Alphonse), propriétaire à Louvain.

Stevens (Edouard), secrétaire général au ministère de l'Intérieur, à Bruxelles.

Terby (François), professeur à l'Académie des Beaux-Arts, à Louvain.

Van Camp (Camile), Artiste-Peintre, à Ixelles.

Vander Auwera (J.-P.), conseiller provincial et receveur de la ville de Louvain.

Vander Buecken (Joseph), fabricant, à Tournai.

Vander Buecken (Léopold), employé à l'Administration communale de Louvain.

Van Gobbelschroy (M'), horloger, à Louvain.

Van Peteghem (L.), graveur, à Bruxelles.

White (Cyrille-Aug.), rentier, à Louvain.

I.

ORIGINE DE LA KERMESSE DE LOUVAIN.

GÉNÉRALITÉS SUR L'ORGANISATION DE L'OMGANG DE LA DITE VILLE.

'EST dans les divertissements publics qu'on observe le mieux le caractère et les mœurs des nations. Nous retrouvons la haute dignité de la Grèce dans les descriptions contemporaines des jeux olympiques, tandis que la décadence morale de Rome nous frappe, dans les récits de ces festins dont Juvénal et Pétrone ont dépeint le luxe effronté, la mollesse impudique; et où des femmes, égarées par la débauche, n'avaient qu'un mouvement du pouce à faire pour décider de la vie ou de la mort des misérables gladiateurs. Devenue chrétienne la Rome des Césars substitua aux sanglantes horreurs du cirque les folles et bruyantes joies du Carnaval. La féodalité, qui détruisit la civilisation romaine, inventa les Tournois, ces luttes équestres qui caractérisaient si bien la vie guerrière et aventureuse de ses fiers paladins. De même qu'au passé les divertissements publics reflètent encore le caractère et les mœurs des nations : à Venise ce sont les joûtes des gondoles; en Espagne les combats des taureaux, en Russie les courses sur la glace, en Belgique les Kermesses communales.

Nos Kermesses[1], dont l'origine semble remonter au temps des premières croisades, c'est-à-dire à la fin du XI° siècle, avaient primitivement un caractère tout à fait religieux. Elles consistaient en la célébration de la fête patronale de la commune ou de l'anniversaire de la consécration de l'église principale de la localité. Dans la suite ces cérémonies furent converties en journées de réjouissances populaires, dont nos princes augmentèrent l'intérêt par l'érection de marchés ou de foires libres.

Personne en Belgique n'ignore la réputation dont jouissait autrefois la Kermesse de Louvain[2]. On y accourait de toutes les provinces néerlandaises, car tout ce qui s'y rattachait semblait offrir de l'intérêt. En effet, cette Kermesse était plus qu'une solennité locale; elle constituait à peu près une fête nationale. Instituée comme anniversaire d'un événement mémorable — la défaite

---

[1] Le mot Kermesse est composé de deux vocables flamands. kerk, *église* et mis, *messe;* il signifie *messe de l'église,* et par extension *messe du Saint de l'église.* Notre grand étymologiste Kiliaen traduit le mot flamand *Kermis* par « festum sive solemnitas dedicationis templi. »

[2] « Sed et archiva Lovaniensis urbis festivitatem et celeberrimam *Supplicationem suam,* qua annua est prima dominica die mensis septembris, ad perpetuam hujus victoriæ memoriam referunt. » V. Job. Molanus, *Historiæ Lovaniensium libri XIV.* Brux, 1861, T. 1, p. 404.

des Normands en 891 — elle rappelait l'un des grands souvenirs de nos annales et méritait ainsi cet immense et sympathique concours tant vanté par nos chroniqueurs.

L'éclat de notre Kermesse était rehaussé par l'organisation d'un splendide Cortége historique, célèbre dans les fastes du pays, et qu'on désignait sous le nom d'Omgang de Louvain[1]. C'est de ce cortége dont nous allons entretenir nos lecteurs. Mais avant d'aborder notre sujet, il importe de raconter l'événement qui donna naissance à notre fête communale.

Les Normands, après avoir envahi le Limbourg, sous la conduite de leurs chefs Godfried, Rollon et Siegfried, élevèrent, en 881, un camp à Elsloo, endroit situé sur la rive droite de la Meuse, à deux lieues environ de Maestricht. De cette place de guerre ils portèrent, l'année suivante, le fer et le feu dans le pays de Liége, dans la Hesbaye et dans les terres situées entre la Meuse et le Rhin. Pendant que ces ennemis dévastaient la Belgique, d'autres bandes Scandinaves exerçaient les cruautés les plus atroces dans le Nord de la France. Ces pirates, qui étaient soutenus par ceux d'Elsloo, avaient établi un camp à Amiens. Le roi de France, Carloman, essaya, mais en vain, d'arrêter leurs brigandages. Voulant délivrer son peuple de leurs irruptions sans cesse renaissantes, il eut recours à l'expédient ordinaire, celui des négociations et des offres d'argent. On conclut un traité par lequel les Normands promirent de quitter la France, pour un terme de douze ans, moyennant 12,000 livres d'argent fin. Les forbans ayant reçu la somme convenue, mirent le feu à leur camp, évacuèrent Amiens et se retirèrent vers le port de Boulogne. Ils y délibérèrent un instant sur le parti qui leur restait à prendre. Une fraction de la troupe s'embarqua pour passer la mer; mais le reste, qui formait, selon toute vraisemblance, la majorité, se dirigea vers la Lotharingie et vint camper à Louvain[2]. On était alors en 884[3].

Du camp de Louvain les Normands infestaient la Lotharingie et la France, au rapport de Réginon. La Hesbaye eut surtout à souffrir de leurs cruautés. Ils y détruisaient les campagnes, incendiaient les églises et les monastères, rançonnaient et tuaient tous ceux qu'ils pouvaient surprendre. Luitbert, archevêque de Mayence, eut pitié du pauvre peuple. Le valeureux prélat déposa sa crosse, saisit l'épée, et se plaça à la tête d'une armée notable. Il vint attaquer les pirates et remporta sur eux un avantage signalé[4].

Cependant le souverain de la Lotharingie, l'empereur Charles-le-Gros voulut les déloger de Louvain. Il envoya, à cette fin, une armée considérable; mais il paraît que cette entreprise n'eut aucun succès[5].

---

[1] Le mot Omgang, qui n'a pas d'équivalent en français, se compose de deux vocables flamands Om, *autour*, et gaen, *marcher*. Il signifie *marcher autour de la ville*.

[2] Dans notre *Louvain Monumental*, p. 12, nous avons fait connaître que le château des Normands s'élevait sur l'emplacement actuel du Grand Béguinage, à gauche de la Dyle. Ce château figuré dans une charte de 1129 sous la dénomination de *Vetus Castellum* ou *Vieux Château* pour le distinguer du manoir ducal qui s'élevait alors au Mont-César. Au 17e siècle l'endroit portait encore la dénomination de Oude Borgs. En effet on lit dans une convention conclue le 23 juillet 1635, entre l'autorité communale et le Grand Béguinage, au sujet de la canalisation de la Dyle jusqu'à Wavre, ce qui suit : « Eerst dat de aennemers van de Vaert op hunnen cost sullen aennemen, soo sy aihier present doen, het weyden van de leye gracht, loopende door d'Oude Borge, ter breedde van xxiiij voeten, beginnende aen de voorschreve Dyle boven het pesthuys van het selve Beggynhof tot ende soo verre als d'erve van het Beggynhof ende die van hr Pecter Mannaerts syn strekkende. » Voyez Cuypers, *Charters*, etc., T. X, f° 180, v°.

[3] « Prædicti vero Dani iter agentes, Bononiam veniunt; ibique agentes consilium, quid sibi faciendum est, pars illorum mare transit, atque pars *Luvanium*, in regno quondam Illotharii; ibique sibi castra statuunt ad hiemandum. » V. *Annales Vedastini* ad an. 884, apud Pertz, *Monumenta*, T. I, p. 522.

[4] Mr Henaux, *Les Normands*, etc. p. 285.

[5] « Ad quorum malitiam compescendam Imperator semel et iterum exercitum misit, sed nihil dignum memoria adversus tantam violentorum rapacitatem actum est. » V. Regionus, ad an. 884, p. 594. Sigebert de Gemblours place l'événement sous l'année 885. Pertz, T. VI, p. 343.

La mort prématurée de Carloman (884) encouragea les Normands à de nouvelles entreprises dans le Nord de la France. Ils prétendirent qu'ils n'avaient fait d'arrangement qu'avec le monarque défunt et réclamèrent de nouveau 12,000 livres d'argent. Comme cette somme leur fut refusée, ils résolurent d'envahir le pays. Les Normands de la Seine, du pays Bessin et de la Loire s'unirent immédiatement pour aller assiéger Paris. Les chroniqueurs portent ce rassemblement à 40,000 hommes. Ce fut avec 700 barques que cette armée formidable, commandée par Siegfried, remonta la Seine. La flotte arriva, le 25 novembre 886, devant la capitale de la France, qui formait à cette époque déjà une grande cité. Les spoliateurs bloquèrent la ville et essayèrent, à plusieurs reprises, de la surprendre; mais en vain. Les Normands, qui étaient venus passer l'hiver dans leur camp de Louvain[1], plièrent, en 887, leurs tentes et allèrent rejoindre ceux qui se trouvaient devant Paris[2]. L'empereur Charles-le-Gros, auquel les grands du royaume avaient déféré la couronne de France, entra rapidement dans le pays, à la tête d'une armée, à l'effet de secourir les Parisiens, qui défendaient si valeureusement leur ville. Mais au lieu de tirer le glaive et de frapper à coups redoublés, il s'humilia, pour la seconde fois, devant les envahisseurs. L'indolent monarque consentit à payer aux Normands, au mois de mai suivant, sept cents livres, à condition qu'ils s'en iraient après avoir librement exercé leurs ravages le long de la Seine. Les Normands de Louvain, ayant eu leur part aux ravages dont nous venons de parler, vinrent reprendre leur place de guerre sur notre territoire et y apportèrent le fruit de leurs pillages.

Nous avons vu que Charles-le-Gros, au lieu de tenter un dernier effort pour anéantir les pirates, se borna à leur acheter une paix honteuse. Cette coupable pusillanimité le précipita du trône. Les grands lui substituèrent, dans le royaume de la Germanie, ARNULF, duc de Carinthie, fils naturel de Carloman, qui s'était déjà signalé par de brillantes prouesses, et le remplacèrent, en France, par Eudes, comte de Paris et d'Orléans.

Sur ces entrefaites l'armée des Normands s'échelonnait depuis Louvain jusques au-delà d'Elsloo, mettant à feu et à sang tout ce qu'elle trouvait sur son passage. Le roi Arnulf, voulant y mettre un terme, recruta une armée pour combattre les Scandinaves; cette armée devait se rassembler en Belgique. Les pirates, instruits de cette mesure, résolurent d'attaquer les troupes du roi, avant qu'elles ne fussent réunies. Ils se concentrèrent, à cette fin, dans les environs de Maestricht, endroit désigné pour le rassemblement, et combinèrent leurs forces. Ils se mirent ensuite en embuscade, près du ruisseau la Geule, non loin de la dernière ville, pour surprendre les troupes à leur arrivée. Les forbans tombèrent, à l'improviste, sur les troupes germaniques et les battirent complétement. Sunderold, archevêque de Mayence, le comte Arnulf et un grand nombre de nobles y perdirent la vie. Après cet exploit, les Normands revinrent sur Louvain.

Arnulf écuma de rage à la nouvelle de cette défaite. Dans sa juste indignation, il résolut de recourir à tous les moyens dont il disposait, à l'effet de délivrer ses états des déprédations des Normands. Il appela ses féaux autour de lui et les détermina tous à embrasser la cause des Belges.

---

[1] « Anno 886 Nordmanni a *Somma* fluvio exeunt, et rursus in regnum Hlotharii revertentes, *in loco qui dicitur* Lovox, castra sedesque statuunt, scilicet in confinio utriusque regni. » V. Reg. p. 590.

[2] « Anno 887 Nordmanni à Lovox recedentes *Sequanam* ingrediuntur, et Parisius applicantes castra ponunt, et civitatem obsidione claudunt. » *Ib.* p. 596.

Le monarque rassembla d'abord une armée très-considérable, composée de Saxons, de Bavarois et de Franconiens. Il monta ensuite son rapide coursier, tira l'épée, se mit à la tête de son armée et passa immédiatement le Rhin. Son arrivée à Liége excita un enthousiasme universel. L'évêque Francon lui-même saisit l'épée et se joignit à la troupe conduite par l'avoué de la commune et qui était composée de 15,000 hommes[1]. A son exemple, une foule de prêtres et de moines ceignirent le baudrier et se placèrent sous l'étendard du roi de la Germanie. L'heure suprême des Normands allait sonner.

Le 1er septembre 891, l'armée germanique arriva à Louvain. Elle passa immédiatement la Dyle à l'effet d'entamer le camp du côté des marais. Par malheur, l'état marécageux du terrain empêcha la cavalerie, qui constituait la principale force de l'armée, d'essayer l'attaque. Les Normands, remarquant cet embarras, insultaient leurs ennemis, du haut de leurs retranchements, en criant : *Gulia ! Gulia !* à l'effet de leur rappeler la défaite qu'ils avaient essuyée près du ruisseau de ce nom[2]. Arnulf, indigné de tant d'ignominie, assembla les grands de son armée et leur tint un discours enthousiaste, qui excita au plus haut point le courage des soldats. Tous sautèrent à bas de leurs chevaux, saisirent leurs armes et marchèrent contre les retranchements du camp ennemi. Leur fureur fut extrême. Une immense clameur s'éleva vers le ciel. Les javelots pressés se croisaient en tous sens. Des luttes corps à corps s'engagèrent bientôt sur les points les plus abordables du camp. Les assiégés se défendirent avec enthousiasme. Une troupe de Normands résista si vivement, qu'elle culbuta tous ceux qui se présentaient pour monter à l'assaut. Ce fut en vain. Les soldats du roi de la Germanie escaladent enfin les retranchements, les enlèvent d'assaut et passent au fil de l'épée tous les Normands qu'ils rencontrent dans l'enceinte redoutable. Le Château fut également pris et saccagé. Ce dût être un carnage épouvantable, une confusion inouïe. La défaite coûta aux Scandinaves cent mille hommes, au rapport du moine Wittekind[3]. Douze de leurs chefs, parmi lesquels l'on cite encore un Godfried et un Siegfried, furent au nombre des morts. Ceux qui ne tombèrent point sous les armes des Germains se précipitèrent vers la Dyle, mais ils périrent également, étouffés dans les marais ou noyés dans les eaux de la rivière. Les cadavres des ennemis s'entassèrent dans le lit de la Dyle en quantité si considérable que le cours en fut obstrué[4]. Un nombre très-limité parvint, à grand'peine, à se sauver, et porta à la flotte stationnée dans l'Escaut la nouvelle du massacre de Louvain.

La victoire de Louvain, qui délivra à jamais l'intérieur du pays des agressions des Normands, étonna tellement les fidèles qu'ils l'envisagèrent comme un effet de l'intervention de la Sainte-Vierge. On lit dans les vieux légendaires de l'évêché de Liége que lorsqu'on regardait « vers le ciel, se voiet-on deseur la batailhe une blanche nuée, et voiet-on devant la benoite Vierge Marie et St-Lambert, avec monsieur St-Pierre, semblant de vouloir secourir le peuple chrestien[5]. » Le roi Arnulf ordonna une procession pour remercier le ciel de sa protection. Cette procession,

---

[1] Mr Henaux, p. 285.

[2] V. Réginon, p. 605.

[3] Wittekind, moine de l'abbaye de Corbie sur le Wezer, auteur d'une histoire des Saxons. V. Pertz. « Ex innumerabili multitudine vix residuus esset. » Dit Réginon, p. 605. — « Tanta millia hominum... perierunt » dit l'annaliste de Fulde, p. 408. Quoiqu'il en soit, nous croyons que le chiffre donné par Wittekind est exagéré.

[4] Voyez Réginon sous l'année 891, et les annales de Fulde, de St-Vaast et de Metz, sous la même année. L'annaliste de Fulde donne les détails les plus circonstanciés sur la mémorable défaite. Toutes ces chroniques ont été publiées par l'illustre Pertz.

[5] Mr Henaux, dans le *Messager*, etc. p. 288. Consultez en outre B. Heymbach, *Diva Lovaniensis*, Lov. 1665, in 4°.

qui fut accompagnée par le Souverain ainsi que par les chefs de son armée, parcourut le champ de bataille en chantant des litanies et des hymnes sacrés[1].

Ce fut pour perpétuer le souvenir de la défaite des Normands que la commune institua dans la suite une fête commémorative à célébrer le 8 septembre[2], jour de la nativité de Marie, fête que l'on désigna sous la dénomination de KERMESSE DE LOUVAIN.

Dans le principe, la Kermesse consistait en la célébration d'une messe solennelle suivie d'une procession dans laquelle paraissaient les magistrats, les couvents d'hommes et le Serment des arbalétriers, le seul qui existât avant 1332. On y portait l'image miraculeuse de Notre-Dame de Louvain, richement ornée aux frais de la Commune; devant le dais marchaient huit Serviteurs ou *Knapen* de la ville portant des torches ardentes. Cette image, qui remontait au 12e siècle, avait été donnée aux chanoines de St-Pierre, en gage de confraternité, par les religieux de l'abbaye de Parc. Des miracles opérés par son invocation attiraient au 13e siècle des fidèles de toutes les localités du pays. Louvain était alors un lieu de pèlerinage aussi célèbre que le sont de nos jours Hal et Montaigu[3]. La tradition rapporte que la procession annuelle réunissait un si grand nombre d'étrangers que les auberges et les maisons particulières se trouvaient encombrées au point qu'une partie des pèlerins étaient obligés de passer la nuit dans les rues.

L'érection d'une Foire libre augmenta considérablement l'importance de notre Kermesse.

Au moyen-âge, quand les communications étaient si difficiles et si dangereuses, quand les villes où l'on pouvait trouver les objets de nécessité et de luxe étaient si rares et si distanciées les unes des autres, les foires, ces grands marchés où l'on apportait les produits des terres lointaines, avaient une haute utilité et étaient très-florissantes. Aussi les populations des villes où elles avaient lieu en retiraient des avantages considérables. Située au milieu d'une contrée fertile, arrosée par une rivière navigable, la ville de Louvain convenait plus que toute autre commune du Brabant à l'érection d'une foire annuelle. De bonne heure, ainsi qu'on le sait, l'industrie y avait pris un développement considérable. A partir du milieu du 12e siècle, nos fabriques de draps rivalisaient avec les ateliers les plus renommés du continent. Les auteurs contemporains vantent nos tissus et les proclament les meilleurs de tous les Pays-Bas. Les vignobles, qui existaient alors en grand nombre à Louvain, rapportaient aussi d'énormes ressources et contribuaient à répandre le bien-être dans toutes les classes de la population.

Depuis longtemps la commune avait le désir d'ériger une foire annuelle. Toutefois, pour établir un marché semblable il fallait non-seulement l'autorisation du duc de Brabant, mais aussi celle de l'empereur d'Allemagne, suzerain du pays. Le *placet* impérial était indispensable, surtout pour la protection des marchands étrangers. Or, au mois de décembre 1377, Charles VI, qui se rendait à la Cour de France, devait passer par Louvain. L'autorité communale, instruite de l'arrivée du monarque, résolut de faire les démarches nécessaires à l'effet d'obtenir l'autorisation d'ouvrir une Foire libre ou *Vrye Jaermarkt* à l'époque de la Kermesse. Elle députa un membre à la Cour de la duchesse Jeanne pour connaître son avis au sujet de la réception à faire à l'Empereur, en même temps qu'elle envoya des messagers à Maestricht et à Tirlemont

---

[1] « Eodem in loco (qui dicitur Lovannium) die kal. Octobris litanias rex celebrare præcipit ipse cum omni exercitu laudes Deo canendo processit, qui talem victoriam suis tribuit, etc. » V. *Annales Fuld.* p. 408.

[2] Au 16e siècle la fête fut fixée au 1er dimanche de septembre.

[3] Voyez A. Wichmans, *Brabantia Mariana*, p. 258, 8. Heymbach, *Diva Lovaniensis*, p. 8.

pour savoir quels cadeaux ces deux villes allaient lui offrir. Charles VI, qui était ainsi qu'on ne l'ignore pas, le frère de notre duc Wenceslas, arriva à Louvain le 13 décembre 1377. Il était accompagné de son fils Wenceslas, roi des Romains, et descendit au Chateau ducal du Mont-César. Le conseil lui fit présenter deux pièces de drap de Louvain du prix de 210 moutons d'or ainsi que 20 aimes de vin du Rhin, du prix de 255 moutons. Son fils reçut une pièce de drap coûtant 77 *Peters* d'or[1]. C'était préparer le terrain d'une manière habile. Le 14 décembre, lorsque l'Empereur se trouvait à la Cour de Bruxelles, l'autorité communale lui envoya une députation de six membres afin de lui solliciter le *placet* pour l'établissement de la Foire ainsi que pour invoquer l'intervention du duc de Wenceslas auprès du roi de France dans le but de faire libérer la ville des arrérages du cens annuel de la Halle au drap qu'elle possédait alors à Paris[2]. Le monarque reçut la députation avec bienveillance et accéda au désir de la Commune[3]. L'érection de la Foire fut immédiatement confirmée par Wenceslas et Jeanne. En vertu du diplôme impérial[4] les marchands qui voulaient déballer dans notre cité jouissaient de grands priviléges. Leurs personnes et leurs ballots ne pouvaient être saisis sous aucun prétexte, ce qui les faisait arriver en caravanes. La Foire eut dès le principe le succès qu'on était en droit d'en attendre. On ne saurait pas se représenter la cohue d'étrangers qui arrivaient à Louvain pour y vendre et acheter non pas du pain d'épice ou des articles de l'industrie nationale; mais des marchandises au ballot qui remplissaient nos Halles, dans lesquelles venaient s'entasser les produits du monde commercial. Des nombreux détaillants déballaient sur des étaux en places publiques ou aux portes des églises. Anglais, Allemands, Espagnols, Italiens, Français y affluaient avec leurs produits, et contribuaient par leur concours, de plus en plus considérable, à augmenter chaque année l'importance de la Kermesse de Louvain.

A la fin du 14ᵉ siècle, lorsque la commune avait atteint un haut degré de prospérité, lorsque le goût du luxe s'était répandu dans toutes les classes, la procession de la Kermesse prit le caractère d'un Cortége historique. Ce fut alors qu'on y introduisit des adultes costumés représentant des prophètes, des apôtres, des martyrs et d'autres personnages célèbres. Successivement augmentée de chars et de personnages nouveaux, la procession acquit une haute importance et attira annuellement une foule énorme d'étrangers.

L'autorité communale avait l'habitude d'inviter à la fète les abbés des diverses abbayes de Brabant ainsi que le Suffragant de Liége, représentant du prince-évêque, chef du diocèse. Le Suffragant ou l'un des abbés chantait une messe solennelle avant la sortie du cortége.

Dans le principe les chars et les personnages de l'*Omgang* étaient exclusivement montés et costumés aux frais de la ville. Mais plus tard nos nombreux Corps de métiers prêtèrent également leur concours à l'organisation du Cortége en fournissant, à leurs frais, des groupes

---

[1] Voyez *comptes de la ville*, decembre 1577.

[2] « Item, i vaert te Bruxel, xiiij in decembri, vj heren, ij cnapen. om te spreken met onsen Here den Keyser en met onsen Here van Brabant alse ,vander *Jaermaret* die de stat geboden hadde te hebbene onsen Here den Keyser, die bi der stat consenteerde... en oec minen Here te bidden dat bi spreken woude metten Coninc van Vrancrike, alse hi te Parys quame, metten Keyser vorscreven, dat de stat quyt hebben mocht den chyns die verlopen is op de *Halle die de stat te Parys heeft*, vij motoenen xxiiij lib. p. » *Compte cité.*

[3] « Arnd den Rike te Bruxel geseint, xvij in decembri, omme d'andwerde te voerne den Heren van der stat rade, die aldaer lagen. vanden laste daer Adr. de Witte, te Loven, af quam gelast ane stat, alse vanden gelde dat des Keysers Cancellier hebben woude vander *Jaermaret* te besegele, 1/2 dach, en i dach pertshure, valent 1/2 motoen xlviij st. » *Compte cité.*

[4] Divæus, qui achevait ses annales de Louvain en 1560, fait observer qu'alors déjà le diplôme n'existait plus aux archives. Comme lui nous avons fait des recherches infructueuses pour retrouver le texte de ce document.

d'adultes dont chacun représentait une scène de la vie de l'une des 34 femmes illustres de la Bible. On a prétendu que ces groupes ne commencèrent à être organisés qu'en 1490[1]. Mais c'est une erreur. Il résulte d'un passage du compte communal de 1445 que déjà à cette époque nos corporations ouvrières avaient l'habitude d'en fournir. On y voit qu'un subside extraordinaire fut accordé aux faiseurs de Poches à l'effet de les aider à habiller les personnages d'un groupe historique à *l'instar des autres métiers de la Commune*[2]. Les jeunes personnes qui réprésentaient les femmes illustres, et qu'on désignait sous la dénomination de *Femmes des corporations* ou *ambachts-Vrouwen*, ainsi que les adultes qui figuraient dans les groupes, touchaient des indemnités. Après la rentrée du cortége les doyens, trésoriers et autres administrateurs leur offraient ordinairement un déjeûner à la fourchette au local du métier[3]. Les groupes étaient dirigés par le prieur des Carmes-Chaussés, qui était ordinairement docteur ou licencié en Théologie[4].

Dans l'après dîner du 8 septembre les chambres de Rhétorique donnaient régulièrement des représentations publiques sur une estrade dressée à la Grand'Place, à gauche de l'entrée de l'église de St-Pierre ou devant la maison appelée l'*Ange*. Le 21 juin 1452, le conseil communal accorda un subside annuel de 5 *Peters* d'or à la chambre *la Rose* pour l'aider à supporter les frais de l'une de ces représentations[5]. Les autres chambres, qui furent successivement érigées dans notre ville, avaient également l'habitude de jouer à la Grand'Place le jour de l'*Omgang* ; ce furent la MARGUERITE ou *Kerssouw*, fondée en 1475, la RACINE DE PERSIL ou *Petercil-Wortel* fondée en 1482, LE LIS ou *Lelie* fondée en 1485 et la PENSÉE fondée en 1487. Les membres de l'autorité communale assistaient à ces représentations dans des stalles établies au devant de l'estrade et encourageaient les acteurs par leurs applaudissements.

Le jour de la fête la ville présentait comme on le pense bien l'aspect le plus pittoresque, le plus agréable. Les rues par où le cortége devait passer étaient la plupart du temps plantées d'arbres et ornées de verdure et de draperies ; les maisons des patriciens étaient tendues de tapisseries ou de peintures. Dans les endroits où l'inégalité du sol rendait le passage difficile, on comblait les rigoles et les bourbiers au moyen de sable[6]. L'église de St-Pierre était toujours magnifiquement

---

[1] On en a attribué l'organisation à Gilles Fabri, de Bruxelles, Docteur en Théologie et Prieur du Couvent des Carmes chaussés de Louvain, mort en 1506. Mais ce fait n'est constaté par aucun document contemporain.

[2] « d'Ambacht van den *Teschmekers*, die ter beeden van der stat, aengenomen hebben enen *Hertoghe te chieren* en dien op haren last wt te trouwen. in de processie van Onser Liever Vrouwen, t' Sinte-Peeters, gelyc *andere ambachten des gelycx doen*, etc. » *Comptes de la ville de* 1445, f° 24 v°.

[3] Nous lisons dans le compte de la corporation des Saveliers de 1628 ce qui suit : « Item, te Loven-kermisse voor den ontcosten geleden door het vuytstellen de personagien in de processie. In den iersten den vaeder van Sampsom genoemt Manué hem gegeven 4 st. — Item, de moeder van Sampsom gegeven 6 st. — Item, den Ingel betaelt 4 st. — Item, voor de huere van den tabbaert 6 st. — Item, voor de huere van het peert ende den leyder 'tsamen 24 st. — Item, voor den ontbyt voor die Dekens, oudt Dekens, Warandeerder, Nieuwe en Oudt Rintmeesters, met de twee Keersdraegers, ende de voorschreve personnagien, voor een stuk rintsvleesch gegeven 36 st. — Item voor eene haemele schouder met een bladt 2 gulden. — Item, voor brool 24 st. — Item, voor 1 1/2 pont boter 9 st. — Item, voor schaepsvoeten, raddys, asyn, enz. 14 st. — Item, voor 33 potten bier, den pot tegen 7 oorden, 3 guld. 17 st. » Voyez *Rekening der oude-Schoenmakers van* 1628, f° 106.

On trouve dans le compte de 1628 de la corporation des Cordonniers les détails suivants :

« Ierst op Loven-kermis dach aen *d'ambachts vrouwe* gegeven 8 st. — Item, voor de maerte van d'ambachts vrouwe 8 st. — Item, gegeven aen een Peert te hueren 10 st. — Item, gegeven aen den knecht die 't peert geleyt heeft 4 st. — Item, gegeven aen vier jongers 16 st. — Item, gegeven aen den omheyt die somme van 2 livers, 8 st. » Voyez *Rekening van het Nieuw-Schoenmakers ambacht van* 1628, f° 30.

[4] « Item, den Terminaris van den persoonen van allen den *Vrouwen genomen uyter Bybelen*, die in de Processie ryden, in behoirlycker ordonancie te stellen, etc. » *Comptes de la ville de* 1512, f° 206.

[5] Voy. *Groot Gemeyn Boeck*, f° 276.

[6] « Coppen van den Vesten van savel te vueren opten *Cappellenberg* (nu St-Antonius-Berg) in de ghote voir Gielis de Rycke, in de *Hoilstrate* voir den *Spiegel*, op te *Leye* en voir Michiel van Nordbeec, als van xiij kerren, xvij plecken. » *Comptes de la ville de* 1450, f° 18. Van xxij keren savels gevuert op den *Cappellenberg* en noch twee op de *Leye*, in de groote aldaer, ter processie, liiij plecken. — Item, van

décorée. L'on tendait l'intérieur du temple de tapisseries sur lesquelles étaient représentées de merveilleuses histoires héroïques ou religieuses[1]. Cet usage a subsisté jusqu'à la fin du 17e siècle, ainsi qu'il résulte des comptes de la ville.

La veille de l'*Omgang*, avant le salut, le chapitre de St-Pierre, accompagné de tout le clergé de l'église et du magistrat, allait solennellement prendre l'image de Notre-Dame de Louvain à son autel ordinaire et la plaçait sur une estrade dressée au milieu de la nef principale. Lorsque la commune ne possédait pas encore de carillon, le Sacristain exécutait, durant cette cérémonie, des airs sur les cloches suspendues dans le beffroi. Après 1525 le carillon se faisait régulièrement entendre[2].

Le lendemain, à 8 1/2 heures du matin, le gros bourdon de St-Pierre faisait retentir dans les airs, une demie heure durant, sa voix solennelle afin de prévenir chacun de se rendre à son poste. La messe solennelle avait lieu à 9 heures[3]. Après la messe le clergé et le magistrat prenaient un déjeuner à la salle du chapitre ; puis le bourdon recommençait à sonner et aussitôt l'on se mettait en marche.

Les ordres monastiques, le clergé et le magistrat quittaient l'église par la porte dite *des longs escaliers* au son des cloches et des instruments de musique[4]. Les chars et les personnages stationnaient dans les rues des Ecreniers et des Vaches. La corporation des maréchaux, qui ouvrait la marche, devait prendre position dans la rue Neuve, au coin de la rue de Savoie, autrefois rue du *Jeton*, ainsi qu'il résulte d'une ordonnance du conseil de 1433[5].

Rien n'était plus splendide et plus pittoresque que ce cortége; rien n'était plus fait pour parler aux sens et pour éblouir la vue de la multitude. Plus de 400 personnages et comparses à pied et à cheval ou montés sur des chars, rois, reines, seigneurs, prophètes, apôtres, veillards et enfants remplissaient ce vaste cadre, portant les costumes les plus riches et les plus variés.

En tête du cortége marchaient les corps de métiers de la commune qui étaient déjà en 1360 au nombre de 39. On en comptait 40, en 1433, lorsque leurs places furent designées dans l'*Omgang*. C'étaient les maréchaux, les faiseurs de pots d'étain, les chaudronniers, les maçons, les charpentiers, les bouchers, les poissonniers, les tanneurs, les cordonniers, les savetiers, les bateliers, les boulangers, les meuniers, les brasseurs, les pelletiers, les tonneliers, les charons,

---

gelyken gevuert aldaer en in de *Coestraet* vj kerren. » *Comptes de 1487, f° 195. — Van xxxiij kerren savels alomme gespreyt daer die processie lydt, in de *Scrynstrate, Clerccapelle*, opte *Leye*, en elders daert behoeft te xix deniers de kerren. » *Comptes de 1516, f° 259 v°.

[1] « Meester Jacob, in de Predicheeren strate, omme dat hi *syn cledderen* leent, in de feest van Onser Liever Vrouwen, vj in septembri. was hem gheschinct iij gelten Rynswyns. » *Comptes de 1450, f° 8. — « Jan Wonder die der stadt geleent hadde *costelike clere* daermet St-Peters-kerck behangen was in de voirscreve processie, den selven geschinct 1 stope Ryns en 1 stope Beanen. » 1451, f° 11 v°. — « Jacoppe Bietermans en sinen gesellen, *legwerkers*, die ter liefden van der stad der kereken leenden *diverse cleederen van tappeserien*, omme in de kercke te hangbene en te scierene hen geschinct te samen 1 stoep Rynswyns. » — 1470, f° 6, v°. — « Item, Clase van Berlair, *leghwercker van de tapecherien in de kercke ten Ommegange* rondt omme te hanghen, x gelten Rinswyns. » 1493, f° 297.

[2] « Betaelt Jan Clauwaert, coster van Ste-Peeters, van dat hy ter kermissen van Loven opten *Voerslach* van Ste-Peeters torre gebeljaert heeft, by syn quitantie, xij sept xlvij. *Comptes de la ville de 1347, f° 150 v°.

[3] L'orchestre de l'église était souvent renforcé pour cette messe par des artistes étrangers. En 1450 les chanteurs des collégiales d'Anvers et de Malines prêtèrent leur concours à ceux de St-Pierre, ainsi qu'il résulte du compte de la ville, où nous lisons : « Den *Sengers* van Mechelen ende Antwerpen die quamen en helpen de *hoeghmisse* singen, in der voirscreven feesten van Onser Liever Vrouwen daghe, was hen geschinct iij gelten Beanen te xi plecken de gelt, valent xxxiij plecken. » f° 8°.

[4] Quatre instrumentistes marchaient ordinairement devant l'image de Notre-Dame de Louvain. Nous lisons à ce sujet dans le compte de la ville de 1450, f° 18 v°, ce qui suit : « Item, Gherum met synder *herpen* (harpe) en Wouter Loeten, met synder *Luyten*, die gegaen hebben in ij processie dagen van den Sacrament en van Onser Liever Vrouwen dage, met haren gesellen, xlviij pl. » Dans le compte de 1493, f° 387, se trouve l'annotation suivante : « Peteren Peeters, *harpslaghere*, Willeme Dens, oic *harpslaghere*, Clase den *harpslaghere* Jeanne de Metsere, Bertramme de *Vcelere*, Peteren Fyen, van dat sij gespeelt hebben voir onsse Lieve Vrouwe Ste-Peeters eiken van hen, vj stuven. »

[5] Voyez cette Ordonnance dans nos Appendices, n° 1.

les tourneurs, les cordiers, les menuisiers, les vanneurs, les teinturiers, les tisserands, les foulons, les fabricants de tapis, les tisserands de laine, les tondeurs, les barbiers, les brodeurs, les tailleurs, les chaussetiers, les fripiers, les merciers, les faiseurs de poches, les graisseurs, les couvreurs en tuiles, les couvreurs en paille, les fruitiers, les brouettiers et les vignerons. Au 15° siècle la corporation de bateliers et haleurs de Wechter prenait également part à l'*Omgang* et marchait avec sa bannière parmi les corps de la ville[1].

Les membres de nos metiers avaient des uniformes aux couleurs de la corporation et marchaient précédés d'un ou de deux compagnons portant les emblèmes du métier. Il y avait amende contre ceux qui n'étaient pas prêts à l'heure indiquée.

Après les corps de métiers venaient les groupes historiques, les chars et les autres personnages ; les chevaux attelés aux chars étaient conduits à la main par des conducteurs en costume; puis arrivaient avec leurs croix et bannières, les ordres monastiques aux costumes pittoresques et variés. On y remarquait les abbés de nos trois abbayes, Ste-Gertrude, Parc et Vlierbeek, vêtus de chapes étincelantes d'or et de pierreries et le chef couvert de mitres splendides. Chaque abbé était précédé d'un serviteur portant la crosse pastorale. Les abbayes étaient suivies par les enfants de l'école de St-Pierre et par le chapitre de notre collégiale. Alors venait l'Université de Louvain, ayant à sa tête le Recteur magnifique, précédé de six appariteurs portant des masses en vermeil. Derrière l'Université marchaient les employés et magistrats communaux en costume de cérémonie.

Le cortége était fermé par les quatre Serments, qui constituaient la force militaire de la commune. Les membres portaient leur costume officiel orné des emblèmes de la Gilde et déployaient dans leur maniement d'armes une adresse dont ils faisaient leurs plus chères délices et leur application assidue.

Cette procession, où le saint Sacrement ne paraissait jamais, était en quelque sorte la commune vivante, palpitante, escortant les grands souvenirs du passé.

Le jour de l'*Omgang* l'on distribuait, au nom de la ville, du vin aux chefs des abbayes assistant à la fête, aux Prévôt et Doyen de St-Pierre, au Recteur de l'Université ainsi qu'à tous les magistrats et employés communaux. L'on portait également 10 mesures de vin à l'infirmerie du Grand Béguinage, 7 à celle de Ste-Barbe, au *Wiering*, et 3 à celle du Petit Béguinage. Les magistrats, employés et serviteurs communaux recevaient tous une paire de gants[2].

Les chars et personnages-géants en osier de l'*Omgang* étaient conservés dans l'ancienne HALLE AU BLÉ, vaste construction qui s'élevait à la place actuelle de St-Antoine, à côté du couvent des Frères de Charité. Ce local, qui existait déjà en 1160 et qui appartenait primitivement au domaine, avait été cédé à la ville par diplôme de Jean 1er, duc de Brabant, en date du 30 mai 1293. Après avoir servi de magasin, il fut approprié à l'usage de l'*Omgang*[3]. On ajouta, en 1484, à la Halle une remise spéciale pour loger les chars et les géants[4]. Cette remise était construite en torchis et

---

[1] « Den Treckers van Werchteren. die, met haren *Kerssen* en met haren *Geselscap*, quamen eeren de processie 1 gelt Ryns wyn. » *Comptes de* 1451, f° 9 v°. — Den Scheplieden van Wechter gescincht, die oick metten anderen ambachten in de processie voirscreven gaen, 1 gelt Ryns-wyns. » *Comptes de* 1452, f° 11.

[2] Voyez nos *Mengelingen voor de Vaderlandsche Geschiedenis* dans le *Vaderlandsch Museum* de M' C. P. Serrure, T. II, p. 298.

[3] Voyez *Louvain monumental*, p. 158.

[4] « Van eenen huyse te makene, in de plaetse daer meester Willem de Beer plach te wonen, daermen inne setten sal *Volbeyart*, den *Reuse*, d'opvart van onser *Vrouwen* en meer andere stucken die met omme gaen in onser *Vrouwen Ommeganck* Ste-Peeters, enz., overgebragt by Meester Janne Berghbeick, xxij may lxxxiiij. » — Manuscrit institulé *Refertien* 1481—1496, f° 87 v°.

couverte en tuiles. La façade était percée d'une porte d'une hauteur prodigieuse, pour donner accès aux chars ainsi qu'aux mannequins, et qu'on désignait pour ce motif sous le nom de PORTE DES GÉANTS ou *Reuzenpoort*. L'édifice lui-même était connu sous la qualification de HALLE DE L'OMGANG attendu qu'il avait primitivement servi de *Halle au Blé*, ainsi que nous venons de le dire[1].

L'autorité communale, observant que l'*Omgang* attirait annuellement un concours immense d'étrangers, lui accordait, ainsi qu'on le pense bien, une sollicitude toute spéciale. Afin de lui assurer une existence durable, elle nomma en 1408 un employé spécial chargé du soin de son matériel et créa pour celui-ci le poste de peintre de la ville ou *Schilder der stad*. Le titulaire jouissait d'un gage annuel et était en outre payé à la tâche. De même que les autres serviteurs de la ville, il recevait annuellement une robe de cérémonie. Plusieurs artistes de mérite ont été investis de ces fonctions, tels que Hubert Stuerbout, Jean Van Rillaert, Martin Blendeff, etc.

Lorsque les finances de la ville se trouvaient dans un état défavorable le cortége était ordinairement bien écourté. On se bornait alors à faire sortir St-Michel, St-Christophe, St-George et le dragon, le cheval Bayard, ainsi que le géant Hercule, personnages-mannequins auxquels les Louvanistes étaient fort attachés. L'autorité indisposait presque toujours les habitants lorsqu'elle se voyait obligée de prendre une mesure semblable. Le 24 juillet 1662 elle avait décidé que l'*Omgang* ne sortirait pas. Cette décision mécontenta si profondément la population que les échevins s'empressèrent d'en appeler devant le conseil souverain de Brabant. Par jugement du 18 août le conseil annula la délibération de la régence et ordonna de statuer de nouveau sur l'objet. Le 19 août on décida, à la majorité des voix, que le cortége ne sortirait pas[2].

Le jour de l'*Omgang* la ville regorgeait d'étrangers, attirés par la curiosité ou par l'attrait du plaisir qu'offrait la Kermesse ; car durant huit jours notre bonne ville était en liesse. C'était une succession non interrompue de jeux, de spectacles et de réjouissances de tout genre, concours de tir, courses aux porcs[3], courses de bague, bals, etc. La Kermesse de Louvain était non-seulement renommée par son *Omgang* mais aussi par la variété de ses fêtes et par l'entrain qui la distinguaient parmi les fêtes communales des Pays-Bas.

---

[1]) Voyez une vue de cette construction dans le *Louvain Monumental*, p. 158.

[2]) *Résolutions du magistrat* de 1662.

[3]) Des courses aux porcs furent organisées au 15e siècle, ainsi qu'il résulte des comptes de la ville :

« Item, gegeven Willem den Beere van den stakette te maken opte Marckt daer in dat die *blinde lieden* 't VERKEN *gheslagen* (*hadden*). Item, Jan Stevens van x kerre savels te halen, in 't staket, daer die *blinde lieden* 't VERKEN *slagen*, xxv pl. — Item, een man van buten van den verkene dat opte maret ghecocht (was), dat die *blinde liede sloegen*, ij Peters en ix plaken. — Item, van dat die blinde verdroncken, 's avons doen zy te Loven quamen, te gader ix pl. — Item, van dat zy verteerden 's avons doen zy 't VERKEN geslagen hadden lxxxiij pl. » *Comptes de* 1437, fº 15 « Andries die Wapenmaker die vortyls, ten versuecke van der Stat, geleent heeft die wapenen die *blinde lieden* aen hadden dict VERCKEN op te *Maret sloegen*, des anderen daeghs dat men Onze Vrouwe van Ste-Peters omgedragen hadde, die welke wapenen som gebroken waeren, en hebben gecost te maken en repareren cxx plecken. » Voyez *Comptes de la Ville* de 1459, f 81. — Van den percke te makene daer de *blinde lieden* 't VERKEN jone sloeghen vj dage in septembri aº xc. » Voyez *Refertien*, 1400, fº 248.

II.

DU SYMBOLISME DANS L'OMGANG DE LOUVAIN.

u lieu d'offrir aux regards du public l'une de ces cavalcades banales ou burlesques, uniquement destinées à l'amusement du peuple, l'*Omgang* de Louvain présentait au contraire un spectacle plein de sens et d'instruction. Il traduisait en images, c'est-à-dire en caractères qui frappent l'esprit par les yeux, les pages les plus édifiantes de la Bible et de l'Evangile. C'était, en quelque sorte, un tableau résumé de la religion où l'on observait, sur l'arrière plan, quelques figures empruntées aux légendes nationales. Le symbolisme, qui remplissait, au moyen-âge, un rôle si important dans les créations plastiques, se montrait et se poursuivait dans toutes les parties du cortége. Le peuple pouvait y apprendre les dogmes de sa foi, la règle de ses actions ainsi que l'histoire chrétienne du monde. Le premier char représentait le Paradis terrestre, point de départ de l'histoire de la religion et de celle du genre humain. C'était le moment où l'ange du Seigneur expulse Adam et Eve de l'Eden primitif. On voyait ensuite les personnages les plus remarquables de l'Ancien Testament. Dans ces groupes figuraient les trente quatre femmes illustres de la Bible, dont chacune s'est fait remarquer par l'une des vertus qui éclatèrent dans la vie de la Ste-Vierge, mère du Sauveur et patronne de la commune. C'étaient Sara, Rebecca, Léa, Rachel, Thamar, Asenath, Sephora, Rabab, Haesa, Débora, Jahel, Noemi, Ruth, Bethsabée, Abisag, Susanne, Judith, Esther, etc. La pensée chrétienne se manifestait partout tantôt sans voile, tantôt symboliquement.

On avait introduit dans le cortége un char portant l'arbre généalogique qui rappelle la génération temporelle du verbe incarné, c'est-à-dire l'arbre généalogique de la Ste-Vierge, connu sous le nom d'*arbre de Jessé.*

Le prophète Isaïe, après avoir prédit au peuple d'Israël qu'il serait délivré de la fureur des Assyriens, lui annonça la naissance du Messie. Il considérait le royaume de Juda comme un tronc presque sans vie, mais dont la sève allait revivre pour donner un rejeton qui sauvera Israël : « Il sortira, dit-il, un rejeton de la tige de Jessé et une fleure naîtra de sa racine. L'esprit du Seigneur reposera sur lui, l'esprit de sagesse et d'intelligence, l'esprit de conseil et de force, l'esprit de science et de piété..... En ce temps là, le rejeton de Jessé sera exposé devant tous les peuples comme un étendard ; les nations viendront lui offrir leurs prières et son sépulcre sera glorieux[1]. » La tige

---

[1] Isaïe, XI, 2 et 10.

sortie de Jessé, c'est Marie; la fleur, c'est Jésus. C'est ainsi qu'a été commenté ce passage du prophète par divers pères de l'église. « La branche qui sort de la racine, dit Tertullien, c'est Marie qui descend de David; la fleur qui naît de la branche, c'est le fils de Marie qui sera tout à la fois la fleur et le fruit[1]. » L'église catholique s'est inspirée de cette prophétie, et dans les aspirations du temps de l'avent, elle s'écrie : « O rejeton de Jessé, qui êtes comme un étendard pour les peuples; devant qui les rois se tiendront dans le silence; à qui les nations offriront leurs prières; venez nous délivrer, ne tardez plus[2]. »

Dans le cortége de Louvain, Jessé, souche de la tige symbolique du Seigneur, était représenté sous les traits d'un vieillard parce qu'en effet il était très-âgé quand son fils David vint au monde. Il était assis sur un trône placé sous une tente de forme orientale, et paraissait méditer profondément sur les grandeurs promises à sa race. Au-dessus de la tente surgissait la vigne, figure du Seigneur, dans les branches de laquelle s'étageaient douze prophètes, ancêtres du Christ selon l'esprit. Ces personnages étaient représentés par des enfants[3]. Au sommet de l'arbre, se trouvait la Ste-Vierge agenouillée sur la lune, posée dans un lys épanoui. Elle avait la couronne en tête et son corps était entièrement enveloppé de la divine auréole. Aux côtés de la tente de Jessé l'on avait placé quatre Sibylles, parce que, suivant une antique tradition, elles ont prédit diverses circonstances relatives au Messie. C'est pour ce motif que les pères de l'église leur ont donné le nom de *Prophétesses des Nations*. Elles étaient revêtues de riches costumes et tenaient des enseignes portant leurs noms.

L'on portait dans l'*Omgang* sept animaux énormes en osier. Le premier avait la tête d'un cerf, le deuxième d'un léopard, le troisième d'un tigre, le quatrième d'un chameau, le cinquième d'un aigle, le sixième d'un pélican et le septième d'un dromadaire. Ces animaux, qui étaient montés par des jeunes filles tenant des branches de laurier, représentaient les passions vaincues et assujéties à la vertu sous la protection de la Mère de Dieu.

L'avénement du Christ était annoncé par l'arbre de Jessé. Toutefois, les principaux mystères de la vie du Seigneur, qui devaient plus spécialement frapper les regards, devaient dominer toutes les autres scènes du cortége. On y remarquait la Présentation au temple, l'Annonciation, la Visitation, la Noël, les Rois mages, l'Ascension, la Pentecôte et l'Assomption de Marie. Ces scènes étaient représentées dans des chars magnifiques, montés aux frais de la commune. Toutes les ressources de la sculpture et de la peinture, étaient employées pour entourer de splendeur cette partie capitale du cortége et le reste paraissait n'avoir d'importance qu'autant qu'il se rapportait à l'événement de la régénération, soit pour l'annoncer soit pour l'indiquer.

On sait que l'Eglise catholique honore les anges. Créés, selon l'Ecriture, avant l'homme dans la justice et la sainteté, mais encore capables de mérite et de démérite, ces esprits demeurèrent constants dans le bien. La récompense de leur fidélité fut d'être confirmés en grâce, et destinés à former à jamais la Cour du Roi des rois. L'Ecriture nous apprend qu'ils sont en très-grand nombre et divisés en neuf chœurs savoir : les *Anges*, les *Archanges*, les *Vertus*, les *Puissances*, les

---

[1] Tertulliani *de Carne Christi*, XXI, p. 322.
[2] Oraison de l'Avent, du 19 décembre.
[3] « Item, Rombout van Berlaer van de twee gesellen die *de kinderen op ende af hulpen setten op te Roede van Jesse*, vij stuvers. » Voyez *Comptes de la ville* de 1523, f° 224.

Principautés, les *Dominations,* les *Trónes,* les *Chérubins* et les *Séraphins.* Le dernier char du cortége de Louvain représentait les neuf chœurs des Anges.

Nous avons vu que le premier char offrait la chute de l'homme au Paradis terrestre; le dernier, c'est-à-dire les chœurs des anges, qui réunissait l'accomplissement de toutes les figures, exposait, dans le plus brillant appareil, le ciel fermé par le péché d'Adam et rouvert par l'incarnation de Jésus-Christ.

Le cortége exprimait ainsi les pages les plus saillantes de l'histoire de la Bible à partir de la création jusqu'à l'assomption de Marie. Les différentes périodes de cette histoire y étaient caractérisées et illustrées par les événements qui ont exercé l'influence la plus profonde sur la marche de l'humanité au point de vue du christianisme.

Un des livres les plus répandus au moyen-âge fut sans contredit la *Legenda aurea* ou *Légende dorée* de Jacques de Voragine, archevêque de Gênes[1]. Dans les monastères aussi bien que dans les châteaux on lisait cet ouvrage, et nulle part on ne pouvait s'en rassasier. Ces miracles multipliés et qu'accueillait la conviction la plus profonde, ces martyrs si intrépides au milieu des supplices les plus cruels, tous ces événements merveilleux enflammaient les esprits les plus grossiers. A tout l'attrait du roman le plus vivement conduit, le plus mêlé d'incidents, la *Légende dorée* joignait le caractère d'une incontestable authenticité. En effet, à chacune de ses pages, on rencontrait le diable, déguisé sous quelque nouvelle forme, cherchant à jouer quelque tour aux serviteurs de Dieu, le diable qu'on haïssait alors de si bonne foi! Malgré toute la puissance surnaturelle dont il ne donnait que trop de preuves, Satan était toujours bafoué, déconcerté, souvent battu dans les récits de la *Légende* et ce dénoûment ne manquait jamais d'être accueilli par les éclats de rire de ceux qui écoutaient de toutes leurs oreilles la lecture que leur faisait quelque clerc[2]. Ce fut dans la *Légende dorée* qu'on puisa trois figures symboliques de notre *Ommegang,* savoir : St-Michel, St-Christophe et St-Georges.

On sait que St-Michel est honoré comme le prince de la milice céleste, comme celui qui expulsa du paradis les anges rebelles. « Car, dit la *Légende dorée,* quand Lucifer prétendit à être l'égal de Dieu, l'archange Michel, qui porte le drapeau de l'armée céleste, vint et chassa Lucifer avec toute sa suite, et les enferma dans cet air chargé d'obscurité et de brume, jusqu'au jour du jugement; car il ne leur est pas permis d'habiter le ciel ni la partie supérieure de l'air, parce que c'est un lieu clair et délectable, ni d'être sur la terre avec nous, parce qu'ils nous tourmenteraient trop; mais ils sont dans l'air entre le ciel et la terre, afin que lorsqu'ils regardent en haut et qu'ils voient la gloire qu'ils ont perdue, ils en éprouvent une vive douleur et que quand ils regardent en bas et qu'ils voient monter les hommes au ciel dont ils sont tombés, ils en soient tourmentés d'envie[3]. »

Il nous serait agréable de pouvoir intercaler ici les Légendes si dramatiques des SS. Christophe et Georges, les patrons de presque toutes les Gildes d'arbalétriers et d'arquebusiers qui existaient jadis dans les Pays-Bas; mais le cadre que nous nous sommes tracé ne nous permet pas

---

[1] Jacques de Voragine ou de Varagine, né vers 1230 à Varaggio, bourg situé sur le golfe de Gênes, prit en 1244 l'habit de l'ordre de St-Dominique, et devint en 1267 provincial de son ordre dans la Lombardie. En 1292 il fut élevé à la dignité d'archevêque de Gênes où il mourut le 14 juillet 1298.

[2] Voyez *la Légende dorée* par *Jacques de Foragine, traduite du latin et précédée d'une notice historique et bibliographique par* M. G. B., Paris, 1854, 2 vol. in 8°. Notice préliminaire p. 6.

[3] Ouvrage cité, t. 2, p. 154.

cette disgression. Du reste, le lecteur curieux pourra les trouver dans le livre de Jacques de Voragine que nous venons de citer.

Le Saint Christophe de notre *Omgang* était un grand mannequin en osier, dont la tête, les jambes et les bras étaient en bois. L'enfant Jésus, qu'il portait sur les épaules, était également en bois. Dans l'intérieur du mannequin se trouvait un homme vigoureux qui dirigeait cette lourde machine; ce qui ne laissait pas que d'être un emploi fort difficile, vu la hauteur et la pesanteur de l'image. Le colosse était suivi de l'ermite qui l'avait instruit dans la foi et qui portait une lanterne, symbole de la lumière évangélique.

Le Saint Georges, qu'on observait dans notre cortége, était un adulte armé de pied en cap, comme un chevalier du moyen-âge; il montait un cheval vigoureux et galamment caparaçonné. Le saint était accompagné d'une jeune et charmante personne, la plus jolie fille de la commune, qui représentait la princesse qu'il sauva contre la voracité du dragon et qu'on désignait sous le nom de Ste-Marguerite. Cette personne, qui était costumée comme une grande dame de l'époque, conduisait, au moyen d'un ruban rose, un agneau, emblème de l'innocence. Le dragon était une énorme machine en osier qui offrait la figure d'un monstre fantastique au corps couvert d'écailles, à la queue longue et hérissée. Il était porté par deux hommes qui lui faisaient faire diverses évolutions. On agitait de temps à autre sa queue pour caresser le menton de ceux qui s'approchaient de trop près. Lorsque le cortége était rentré, St-Georges et le dragon se rendaient à la Grand'Place. Là s'engageait entre eux, un combat à outrance qui se terminait, à la grande joie des spectateurs, par la défaite du monstre[1]. Le chevalier prenait ensuite Ste-Marguerite en croupe et la reconduisait à sa demeure aux applaudissements du peuple[2].

Les figures de SS. Michel, Christophe et Georges avaient dans notre cortége une haute signification symbolique. Ces trois vainqueurs du démon, étaient des images frappantes et identiques du triomphe de la religion chrétienne sur l'idolâtrie. Dans le principe ces figures étaient costumées aux frais de la commune. Mais au 16e siècle St-Christophe l'était aux frais du Serment des arquebusiers ou *Kolverniers*, et St-Georges aux frais du petit Serment de l'arbalète ou *Kruisboog*.

Aux figures sacrées, que nous venons de faire connaître, se mêlaient dans le cortége de Louvain, quelques figures profanes, puisées dans les légendes nationales. C'est ainsi qu'on y remarquait le *cheval Bayard*, *les quatre fils Aymon* et le géant *Hercule* avec son épouse la belle *Mégère*.

Un auteur belge du 16e siècle, dont le jugement n'était malheureusement pas au niveau de l'érudition, Jean Goropius Becanus, essaya un jour de prouver la non-existence de géants dans le passé[3]. Mais il rencontra dans Jean Cassanius un contradicteur sérieux[4]. En effet, les traditions de chaque peuple font mention des géants. La mythologie grecque a ses Titans; celle des Scandinaves

---

[1] Le combat de St-Georges contre le dragon avait beaucoup d'analogie avec celui qui avait lieu à Mons le jour de la procession. Voyez Mme Clément, née Hémery, *Histoire des fêtes civiles et religieuses du département du Nord*. Cambrai, 1856, Avesnes 1846, t. II, p. 296, et *la Procession de Mons*, par Mr Léopold de Villers, Mons 1858, p. 19.

[2] « Naer dat de processie voorseyt synen ommeganck volbracht heeft, plachte St-Jooris op de Merckt, den draeck mette lancie te loopen ende steecken, 't welck gedaen wesende, naer behooren, setten hy Ste-Margriete in croupe ende voerden se alsoo t'hueren huyse ofte tot den over-Coninck Stabel (van St-Jooris Gilde) die deselve ende de principaelste van den Regimente tracteert. » *Ordonnantie van de processie van de kermisse der stadt van Loven*, ms. de 1690, f° 7. (Notre Bibliothèque particulière).

[3] Voyez sa Gigantomachie dans ses *Origines Antuerpiæ*. Antv., 1569 in-f°.

[4] *De gigantibus eorumque reliquiis. Spiræ, typis Bernardi Albini*, 1587, in-12. On découvrit, en 1667, au cimetière de Rotselaer, dans une tombe maçonnée en briques, le squelette d'un géant dont les ossemens avaient le double de la grandeur de ceux d'un homme ordinaire. Voyez le procès-verbal de cette trouvaille publié par feu notre ami Schayes dans le *Belgisch Museum* de Willems, t. 2, p. 260.

ses *Gröttas*, et les légendes flamandes sont remplies des faits et gestes des *Reusen*. Dans presque tous les pays l'on trouve mention de cette lignée formidable qui s'est perpétuée dans l'esprit du peuple, depuis le Polyphème de l'Odyssée jusqu'à l'Antigóne anversois. En introduisant ces figures dans les cortéges communaux nos pères voulaient rappeler par des symboles matériels et visibles la grandeur morale de leur origine. Au cortége de chacune de nos grandes villes l'on observait un géant avec sa famille.

Ath avait son *Goliath*, Bruxelles et Malines leur *Grand-Papa*, Anvers son *Antigóne*, Hasselt son *Langeman*, Louvain son *Hercule*. Ces géants avaient leur place marquée non-seulement dans le cortége historique, mais dans toutes les autres cérémonies publiques de la commune. Calvete de Estrella nous apprend que notre Hercule et son épouse Mégère se montrèrent, en 1549, à la Grand' Place lors de l'inauguration de Philippe II en qualité de duc de Brabant[1]. Quelquefois nos géants communaux allaient d'une ville à l'autre visiter fraternellement leurs voisins pour fêter avec eux l'un ou l'autre événement mémorable. Ainsi le Goliath d'Ath se rendit en 1648 à Louvain, quelque temps après la conclusion de la paix de Munster.

Le géant de Louvain était une figure en osier, habillée à l'antique, d'une hauteur prodigieuse. Il avait un casque luisant, un glaive terrible, un énorme bouclier, et montait un palefroi porté par 18 hommes, qui le faisaient mouvoir à leur gré. Hercule faisait la révérence et tournait la tête pour l'amusement du peuple. Le nom mythologique qu'il portait indiquait assez qu'il appartenait à la ville de l'*Alma Mater* où la littérature classique était cultivée avec ardeur. Après *Hercule* suivait Mégère, son épouse. Elle montait un cheval blanc, complétement harnaché, et son visage, bien coloré, présentait la face d'une jolie femme. Quant à son costume, il variait selon la mode. Ces deux mannequins, qui faisaient les délices de la population, avaient l'air d'être à cheval, tant les housses cachaient adroitement les porteurs.

La légende des *quatre fils Aymon*, que l'on peut envisager comme un souvenir affaibli et altéré des guerres particulières des seigneurs qui se révoltaient de temps à autre contre l'autorité de Charlemagne, fut autrefois fort répandue, non-seulement dans les villes mais aussi dans les villages de la Belgique. Gramaye fait observer qu'elle a été admise, pendant plus de six siècles, à Berthem, village voisin de Louvain, appartenant jadis aux seigneurs de Héverlé, comme avoués de l'abbaye de Corbie, auquel Saint-Adalbard, Adelard ou Alard, abbé de ce monastère et l'un des fils Aymon, l'aurait donné. Cet auteur prétend, mais à tort, que *Berthem* signifie *demeure du cheval* et que ce nom vient du cheval Bayard. Quoi qu'il en soit, le village a ce cheval pour armoiries, et l'on montrait autrefois sa crèche, ainsi qu'une pierre avec l'empreinte de ses pieds, dans la forêt de *Meerdael*, c'est-à-dire, suivant le même historiographe, la *Vallée du cheval*. Or, on sait qu'anciennement cette forêt faisait partie de celle des Ardennes, où l'on place les domaines d'Aymon. Alard, le cadet de ses fils (l'aîné suivant d'autres), avait fait présent de la seigneurie de Berthem, qui lui était échue, à l'abbaye de Corbie, où il renonça au monde, et ce monastère ne s'en défit qu'en 1562[2]. Paquot assure avoir lu dans un registre manuscrit, qu'avant les troubles du XVIe siècle, on voyait les quatre fils Aymon, représentés à genoux

[1] Juan-Christoval Calvete de Estrella, *El felicissimo viaje del may alto y may poderose Principe don Phillippe, hijo del Emperador Don Carlos Quinto, maximo, desde Espagna a sus tierras de la baxa Alemana.* En Anvers 1552, in-f°.
[2] Gramaye, *Lovanium,* pp. 59-60.

devant un crucifix, sur le maître-autel de Berthem[1]. Molanus en parle dans ses *Natales Sanctorum Belgii*, comme suit : « Ceux de Berthem ont dans leur église un tableau où Saint Adalard est peint aussi bien que le cheval gigantesque qu'ils prétendent avoir été nourri chez eux avec lui. Ils font de ce saint abbé le fils cadet d'Aymon ; mais ils se trompent, car Saint Adalard était fils de Bernard, neveu du roi Pepin, et cousin de Charlemagne, avec lequel il fut élevé[2]. »

G^me Boonen raconte la légende d'une autre manière. Il dit qu'en l'année 500, le duc de Brabant Charles Nason (héritier d'Austrasius Brabon) avait une fille appelée *Veraja* qui épousa Aymon, seigneur des Ardennes, dont elle eut quatre fils, Renaud, Roger, Olivier et Adelard. Mais l'auteur ne s'appuie que sur la chronique d'Amand de Ziriczee, auteur du 15e siècle, dont l'autorité offre peu de garantie.

La légende des quatre fils Aymon a été imprimée en flamand à Louvain, chez Jean Bogaerts, vers 1567, in-4°. Elle fait actuellement encore partie de la *Bibliothèque bleue* du peuple flamand.

Le cheval qui figurait dans le cortége de Louvain, et qu'on désigne dans nos archives sous la qualification de *Voelbayaert*[3], était une énorme machine en osier, portée par dix huit hommes. La housse, qui cachait les porteurs, était ornée des armoiries des quatre fils Aymon. Derrière le quadrupède arrivait l'empereur Charlemagne, à cheval, pour le combattre.

Le cheval Bayard, les quatre fils Aymon, Hercule et Mégère donnaient à notre cortége un caractère national. Ces images, auxquelles la multitude attachait tant d'importance, attestaient de la vénération de nos pères d'alors pour les glorieux exploits de leurs ancêtres et de leur vif attachement à leur nationalité, cette seconde religion des peuples libres.

L'on sait qu'au 15e siècle le peuple était encore complétement illettré. L'*Omgang* de Louvain, qui offrait l'histoire en action, était pour l'époque de son institution une exhibition heureuse au point de vue du développement intellectuel des masses. Conçu sur une échelle très-large, entouré d'une splendeur éblouissante, ce cortége constituait un enseignement populaire réel, une véritable *Biblia pauperum*, et devait exercer une action heureuse sur cette foule immense accourue de tous les points du pays pour prendre part à la Kermesse de Louvain.

---

[1] *Mémoires pour servir à l'histoire littéraire des Pays-Bas*, t. 16, p. 444.
[2] Édition de 1595, p. 8.
[3] L'orthographe varie dans les documents du 15e siècle. On y lit tantôt *Voelbeyaert* et *Voilbayart*, tantôt *Voilbayaert*.

III.

RECHERCHES

HISTORIQUES ET ARCHÉOLOGIQUES SUR L'OMGANG DE LOUVAIN.

(1345-1681).

EN Belgique l'élément communal a été très-propice aux arts. Comme la Grèce de l'antiquité, notre pays comptait, au moyen-âge, une foule de cités florissantes qui ressemblaient, par leurs institutions puissantes et leurs libertés spéciales, à de petites républiques. Une fierté envieuse, une rivalité vive et profonde dominaient tous les actes de nos communes. Chacune d'elles cherchait à surpasser ses concurrentes ; chacune voulait l'emporter sur les autres par la splendeur de ses monuments, l'abondance de ses curiosités et la gloire de ses artistes. Pour atteindre ce but chaque ville s'imposait des sacrifices considérables. Si Bruxelles, par exemple, avait bâti une magnifique église, Louvain en élevait une plus splendide encore ; si la première possédait des grands artistes, la seconde en attirait chez elle à force d'encouragement et de prévenance. C'est à cette rivalité que nous devons en grande partie le développement rapide des arts en Belgique.

A Louvain une population intelligente et active, fière de ses institutions et de ses franchises communales, manifesta de bonne heure ces sentiments de dignité et de grandeur qui brillèrent de même à Florence et à Venise et qui éveillèrent une série de grands hommes. Au sein de notre ville naquit, ainsi qu'on ne l'ignore pas, l'artiste fameux qui jeta les bases de cette rayonnante école d'Anvers[1], qu'on peut considérer comme l'une des gloires les plus pures, les plus éclatantes et les plus incontestables du pays.

Le goût du beau, qui animait la population louvaniste, éclatait en toute occasion et contribua puissamment à accroître l'importance de la commune. On l'observa non-seulement dans la réalisation

[1] « Le ferronnier-peintre *Quentin Metsys*. En 1840, nous avions essayé de démontrer que Louvain doit être envisagé comme le lieu de naissance de ce coloriste célèbre. Après un débat qui a duré pendant seize ans, un savant très-versé dans l'histoire de l'école flamande, l'un des rédacteurs de l'intéressant *Catalogue du Musée d'Anvers*, vient de nous donner gain de cause : « Pour nous, dit M. Théodore Van Lerius, l'origine louvaniste du grand peintre ne fait plus l'ombre d'un doute. Anvers doit se contenter de lui avoir procuré l'occasion de créer son chef-d'œuvre de l'*Ensevelissement du Christ* et de l'avoir compté, pendant trente neuf ans, au nombre de ses francs-maîtres de la corporation de St-Luc. » Voyez *Supplément au Catalogue du Musée d'Anvers*, 1863, p. 4.

de nombreux chefs-d'œuvre d'architecture, de sculpture et de peinture, mais encore dans l'organisation de ce splendide cortége historique, si propre à éveiller dans les masses le sentiment de la poésie de l'art, et qui ne tarda pas à servir de type, à être imité dans les autres grandes communes de Belgique.

Nous nous sommes livrés à de vastes recherches dans les archives de la ville à l'effet de réunir les éléments nécessaires pour faire connaître les variations qu'a subi l'*Omgang* de Louvain, aux diverses époques de son existence. C'est le résultat de ces investigations que nous allons communiquer à nos lecteurs.

Il résulte du compte communal de 1345, le plus ancien registre de comptabilité parvenu jusqu'à nous, qu'à cette époque déjà la procession de la Kermesse de Louvain était entourée d'une grande pompe[1]. Elle était accompagnée de dignitaires ecclésiastiques en costumes pontificaux, d'un nombreux clergé en surplis et en chapes, des religieux de toutes les abbayes et de tous les couvents de la ville, des membres de l'autorité communale et de la *Gilde* des arbalétriers[2]. On y portait, ainsi que nous l'avons déjà fait observer dans notre premier paragraphe, l'image de Notre-Dame de Louvain, richement vêtue et ornée aux frais de la commune[3].

Dans la procession de 1383 figuraient les abbés de Parc et de Vlierbeek, les Prévôts de Ste-Gertrude et de St-Pierre, les Récollets, les Augustins, les Dominicains, les Arbalétriers et les membres de l'autorité communale. Huit flambeaux allumés, portés par des serviteurs vêtus aux couleurs de la ville, entouraient la statue de la Ste-Vierge. Comme de coutume l'autorité ordonna de distribuer du vin à tous ceux qui avaient pris part au cortége[4].

En 1393 eut lieu, à la Grand'Place, à l'occasion de la Kermesse, une représentation dramatique. Ce fut la première représentation publique, donnée en plein air, dont il soit question dans nos archives[5].

Jusqu'alors la procession de la Kermesse n'avait consisté qu'en une marche purement religieuse. Ce ne fut qu'en 1394 qu'on lui donna le caractère d'un cortége historique en y introduisant des adultes costumés, représentant des Prophètes, des Apôtres, des Martyrs et des Vierges. Ces personnages étaient habillés et conduits par Rombaut van Hingene, sculpteur Louvaniste, qui obtint dans la suite la direction du matériel de l'*Omgang*. La veuve du peintre Jean Spaden, dit *Jean Oliepot* (Pot à Huile) avait fourni des barbes postiches pour les prophètes et les apôtres[6].

Au commencement du 15e siècle l'*Omgang* prit un développement tout à fait considérable. En 1401 l'autorité communale fit exécuter cinq chars historiques destinés à figurer dans le cortége. Le premier représentait *le Paradis terrestre* au milieu duquel se trouvaient Adam et Eve; le second *l'Arbre de Jessé;* le troisième *l'Assomption de la Ste-Vierge;* le quatrième *le couronnement de Marie* et le cinquième *le Martyre de St-Pierre*, second patron de la commune. Le prince des apôtres était représenté en croix par un personnage vivant. Les images de St-Christophe et de St Georges apparurent alors pour la première fois dans le cortége[7].

La ville de Louvain présageait alors sa gloire future sous le rapport des beaux arts. Elle voyait naître dans son sein de nombreux artistes, des *maîtres-maçons* qui élevèrent des monuments magnifiques, des *tailleurs d'images* qui ciselèrent d'admirables

---

[1] « Van banscoenen en van knechten die de *tortysen* droegben voer onser vrauwen en van alderbande dinghen tiiij lib. v st. » *Comptes de la ville de* 1345, f° 7.

[2] « Item, Vranken Utenhove van dien dat hi reet omme die Prelaten te biddene te Lovene te comene omme *processie te doen* met *onzer Vrouwen*, 1 scilt, xx st. p. — Item, den *scutters van Loven* van ere amen wijns die hen die stad gaf, doe men Onser Vrouwen omme droech, xix lib. iiij st. » *Comptes de* 1346, f° 13.

[3] « Item, van den ornemente van Onser Vrouwen van syden en van zindale ij 1/2 scilden. — Item, van scildeken van 't fluele ten selven ornamenten viij lib. — Item, noch van stoffen ten selven ornamenten, ij cleine florenen ende 1 scildt. — Item, van cortinen te maken voer onser Vrouwen viij lib. en de xvj st. — Item, van den ornamenten te wijen, xx st. f° 23. — Item, van buten werke van onser Vrouwen mantel xiiij scilden. » Voy. *Comptes de* 1346, f° 23vo.

[4] *Comptes de la ville,* septembre 1383.

[5] « Item, gegeven Heine Boutens van den goten te stoppen, ane den kerckhof, daer men *Spelle speelde,* in onser Vrouwen-dage festlede, ende ane de gote weder te maken x lib. xvi stuvers payements. » *Comptes de la ville de* 1393, f° 44.

[6] « Item, gegeven, bi bevele des Stat, viij in september, *Romboude van Hingene*, den *beeldmaker*, van liunelaken, van hare, van dyademen en van schrievene totten Apostelen, Propheten Martelaren en Magheden die ghingen in de vorscreven processie, te gader xix libers. — Item, Janue Gorijs van iiij brieven daer toe te scrivene viij lib. — Item Willem Gorijs, opten Kerchof, van xij dyademen daer toe te maken xiiij lib. — Item, JANNE OLYPOTS, weduwe was, van hare van barden te maken, daer toe xij lib. » V. *Comptes de* 1394, f° 25vo.

[7] « Gorde den Draijer, in de Proefstrate, van den *Paradise* te makene en van den *Cruce daer Sinte Peter ane was gebonden,* te gader lx plecken. — Item, Rombaut van Hingene van den lynwade dat ghinc totten *Paradise* en tot *Adam* en *Yeven* te gader iiiij pl. — Item, hem selve van den Paradise te stofferen en van *Adam en Yeven* l xxx pl... Van ryse te maken hoven op Jessé bedde, x pl. — Van den palmryse dat St-Jan droech v pl. — Gielis Blankarde *die St. Peter was* v pl. — Van den bedde te bereiden en van Onser Vrouwen die op de bare lach, doen sy ten hemelen voere, te gader lxxx pl. — Item, van dat *onze Vrouwen in de Zonne* met iiij yngelen hadde, xij pl. — Item, *Gode en onser Vrouwen in den stoel* xx pl. — Den tween inghelen die neveus hen ghinghen al spelende xiiij pl. — *Ste-Joryse* te bereidene xx pl. *Ste-Christoffele,* van loene voer hem en voer syn kynt xxvij pl. enz. » *Comptes de* 1401, f° 17vo.

sculptures, des peintres qui décoraient ses églises de splendides verrières, des graveurs, des calligraphes et des orfèvres dont les productions excitent encore l'admiration des étrangers. Cette tendance artistique se manifesta bientôt dans le cortége communal.

En 1408 les personnages de l'*Omgang* furent conduits par un prêtre du nom de Jean Pieders, chapelain à St-Pierre. L'on récompensa le zèle de cet ecclésiastique par une gratification de 160 *plecken*[1]. Le cortége avait été augmenté d'un nouveau char représentant la *Résurrection du Lazare*. Il résulte du compte de la ville que dans le char représentant l'inhumation de la Ste-Vierge, l'on voyait les apôtres portant le cercueil, précédé de St-Jean, tenant une branche de palmier surmontée d'une étoile d'or[2].

Dans le cortége de 1409, les musiciens de la chapelle d'Antoine de Bourgogne, duc de Brabant, précédèrent la statue de Notre-Dame de Louvain[3].

Deux nouveaux chars furent exécutés en 1411; l'un représentait la belle légende de *Ste-Ursule ou de onze mille Vierges*, l'autre *le duc de Brabant dans un navire*. Ces véhicules étaient traînés par des ouvriers. Le Dragon de St-George était porté par des hommes[4].

Dans le cortége de 1412 apparurent encore deux nouveaux chars, l'un représentant la *Naissance du Seigneur*, l'autre *la Délivrance de St-Pierre*[5].

En 1413 l'on confectionna un char figurant *le Jugement dernier*. On y voyait des anges armés de glaives et sonnant de la trompette. Le Seigneur et St-Jean étaient représentés par des personnages vivants[6].

A l'occasion de la Kermesse de 1415 la Gilde de Louvain ouvrit un grand concours de tir à l'arbalète. Vingt confréries étrangères y prirent part. Toutes ces Gildes accompagnèrent, avec leurs armes, insignes et bannières, l'*Omgang* de la commune[7].

Arnould van Voorspoele, dit de *Coffermaker*, artiste-peintre, remplaça, en 1417, Rombaut van Ilingene en qualité de directeur du matériel de l'*Omgang*. Aussi capable que dévoué, il répondit d'une manière éclatante à la confiance du conseil communal[8].

L'on sait que le nom de Woeringen rappelle l'un des souvenirs les plus glorieux de l'Histoire de notre ancien duché. Les Louvanistes, ainsi qu'on ne l'ignore pas, prirent une part très-grande à cette bataille célèbre qui eut pour résultat, la réunion du Limbourg au Brabant. Notre échevin Arnould van der Hofstadt y sauva la vie à Jean Ier sur le point d'être terrassé par ses ennemis[9]. A l'occasion de l'*Omgang* de 1421 l'on représenta la bataille de Woeringen sur une estrade établie à la Grand'Place. Arnould van Voorspoele avait fourni pour cette fête 12 cottes de mailles, 26 boucliers, 3 bannières et 27 oriflammes. Elle fut honorée de la présence des demoiselles les plus distinguées de la ville. L'autorité communale fit offrir aux dames et à leurs cavaliers une collation en pain, fruits et vin de Beaune[10]. La représentation, d'une pièce, dont le sujet avait été puisé dans l'histoire nationale, prouve que les Louvanistes du 15ᵉ siècle n'avaient pas oublié les glorieux exploits de leurs aïeux. Elle avait fait accourir bon nombre d'étrangers.

Arnould van Voorspoele confectionna, en 1428, un *cheval Bayard*, le fameux quadrupède des quatre fils Aymon. Cette machine en osier était portée par deux hommes[11].

Déjà à cette époque on avait l'habitude de faire précéder la statue de Notre-Dame de Louvain de deux ou trois musiciens jouant du luth[12].

---

[1] « Item gegeven heeren Janne Pieders, priestere, viij in september, voer sinen loene en arbeit dat hi dese vorscreven processie heeft geordineert, clx pl. » *Comptes de 1408*, f° 18.

[2] « Gielys van Nethene van 1 sedele te maken daer onse *Here* en onse *Vrouwe* opsaten doen sy gecroent was xxvij pl. — Item, van onser Vrouwen te stofferen daer sy lach opt bedde, doen sy verschiet, liiij pl. — Van hare en barden te maken den Apostelen, die metten hare ghingen, xxi pl. — Van den palmeryse te stofferen, met gulden sterre, dat Sinte Jan droech, vore de hare, iiij pl. — xij haerden te maken totten xij Coningen xij pl. — Van *Lazaro* te bereiden dien God dede opstaen vten grave, xliij pl. » *Comptes de 1408*, f° 17ᵛᵒ.

[3] « Gegeven mynen Heren trompette van Brabant, sinen pipers en meestreerders (sic) die speelden voer onser Vrouwen, lxxx pl. » *Comptes de 1409*, f° 25.

[4] « Van den Scepe te tymmeren van *de xjᵐ Maechden*, I pl. — Van den Scepe te tymmeren daer den *Hertoge* inne was, xx pl. Van lij aensichte te maken, den ij iogelen die voer onser Vrouwen speelden en den *Hertoge* vj pl. — Van der lylie die *Onser Vrouwe droech in de Zonne* vj pl. — iiij cnechten die dat *Paradys* voirt croeden, xij pl. — Item, den ghene die den *Drake* droech vj pl. — iiij cnechten die de scepe vort croeden van loene xij pl. » *Comptes de 1411*, f° 18ᵛᵒ.

[5] « Ghegeven Arde den *Joytere* en Janne Kympe van den houte totten zedelen en totten *Bedleem* en totten *Kerker* daer Sinte Peter inne ghevangen was, lxiij pl. » *1412*, f° 22ᵛᵒ.

[6] « Matheus de Mandemaker van der zedelen te maken daer onze Here op sat *ten Ordele* xxij pl. — Van ij swerden van blecke ten Ordele iiij pl. — Van ij bosine daer men mede blies ten ordele, xij pl. — Van lyndenbonte daermen af maecte Hemelrike en arders, iij. — Den ghenen die onze Here was ten Ordele en Sinte Jan Baptiste van loene, viij pl. » *Comptes de 1413*, f° 16ᵛᵒ.

[7] « *Comptes de 1415*.

[8] « *Comptes de 1417*.

[9] « *Rymkronyk van* JAN VAN HEELU *betreffende den slag van Woeringen, van het jaer 1288, uitgegeven, met ophelderingen en aenteekeningen*, door J.-F. Willems. Brussel, 1836, in 4°.

[10] Voyez notre article dans le *Brabandsch Museum*, 1860, p. 7.

[11] « Item hem selve (Arde van Voirspoele) bi bevele der stat van VOLBEYARDE te maken en te stofferne van nuws ix gripen, stuk te x l. pl. val. iijᵉ l. x pl. » 1427, f° 35ᵛᵒ. — Item, ghegeven, bi bevele der stat, den lieden die *Voilbayarde* droeghen, voer haren loen, l. pl. » V. *Comptes de 1428*, f° 16.

[12] « Item, ghegeven Gheramme en Peteren den Luytslager van dat sy speelden voor onser *Vrouwen in onser Vrouwen dage nativitatis*, viij pl. » 1429, f° 18. « Ghegeven iij speellieden die speelden met *snaerspel* voir Onser Liever Vrouwen in de processie voirscreven xij pl. » 1452, f° 14ᵛᵒ.

On exécuta, en 1432, un nouveau char représentant *Daniël* dans *la fosse aux Lions*[1]. Les lions y étaient représentés par quatre chiens vivants. Pendant la même année, après la rentrée de l'*Omgang*, eut lieu, à la Grand'Place, une représentation dramatique, qui fut honorée de la présence des membres du conseil communal.

Une ordonnance de l'autorité communale, en date du 6 septembre 1433, fixa le rang et la préséance des corps de métiers dans le cortége. Cette ordonnance porte que tout ouvrier habitant la ville ou franchise de Louvain doit accompagner la procession sous l'enseigne de son métier respectif et pendant tout le trajet, sous peine d'une amende d'un quartron de vin du Rhin. Le métier des maréchaux, qui avait le pas, devait prendre position rue Neuve, au coin de la rue de Savoie[2].

Trois chars nouveaux furent ajoutés, en 1437, à notre cortége communal. Le premier représentait *le jardin des Olives*, le second *la Cène* et le troisième *le Calvaire*[3]. Le Christ était représenté en croix par un homme vivant[4]. A la même époque les Récollets avaient l'habitude de porter dans le cortége, sur un brancard, le *Tombeau du Sauveur*[5].

Arnould van Voorspoele renouvela, en 1438, les blasons des 17 ducs de Brabant qui figuraient dans l'*Omgang*[6]. Deux ans après, en 1440, il exécuta un magnifique char représentant l'*Annonciation de la Ste-Vierge*[7].

L'année suivante, notamment en 1441, le cortége fut encore augmenté de deux chars nouveaux, l'un représentant *le Lazare et le riche avare*, l'autre *la Tentation de St-Antoine*. Ils furent construits d'après les dessins d'Arnould van Voorspoele. Comme le char représentant le Lazare était destiné à l'édification du peuple, l'artiste ne voulut recevoir aucune indemnité pour son labeur[8].

La figure principale du cortége, celle qui était entourée du plus grand éclat et attirait par conséquent le plus les regards de la multitude était, ainsi qu'on le l'ignore pas, l'image de Notre-Dame de Louvain. L'autorité communale résolut, en 1441, de faire exécuter une grande et belle statue de la Mère du Sauveur pour être portée dans l'*Omgang* et d'en faire don à l'Eglise de St-Pierre. Elle confia cette tâche à maître Nicolas de Bruyn, sculpteur à Bruxelles, alors occupé du placement des stalles dans le chœur de la dite église. On lui paya la statue 20 *saluts* d'or. Le dais avec civière fut exécuté par Arnould Van der Horst auquel on paya 216 *plecken*. L'image fut splendidement enluminée par Rudolphe van Velpe, peintre à Louvain, qui toucha de ce chef 20 saluts d'or, somme énorme pour l'époque[9]. Cette belle statue, qui fut portée à St-Pierre le 21 juillet 1442 et qui figura pour la première fois dans le cortége de cette année, existe encore. Elle est connue sous le nom de *Siége de la Sagesse* et figure annuellement à la procession du second dimanche du mois de juillet.

A partir de 1442 des chanteurs, vêtus en bergers, entonnaient des cantiques flamands derrière le char représentant la *Naissance du Sauveur*. Ils versaient également du vin au peuple[10].

Un nouveau *Cheval Bayard* fut exécuté, en 1444, par le charpentier G^ms de Beer et le peintre A. van Voorspoele. A la même occasion l'on renouvela les costumes et les armures des quatre fils Aymon[11]. Le char représentant les *neuf Chœurs des Anges* fut magnifiquement enluminé par Henri van Bossuyt, de Louvain[12].

Après la rentrée de l'*Omgang* de 1444, l'on représenta à la Grand'Place une pièce en vers flamands intitulée : *les trois Hiérarchies*, composée par Jean Amoers, religieux de l'abbaye de Vlierbeek[13]. Les décors pour cette représentation avaient été peints

---

[1] « Ghegeven, bi bevele der stat, Arde van Voirspoel verscreven, van hout, linen laken en dachuren die hi verleegt heeft doen hi maken dede den *Kuyle der leeuwe van Ste Danieel*, cxx pl. — Item, selven van iiij honden tot *iiij leeuwen*, l. j pl. — Item, selve van dat de gesellen verleert hadden doen sy spelen ghingen in onser Vrouwen dage opten Kerchof, van der *Opvaert*, xl. pl. — Van den *Cuyle der Leeuwen* omme doen te vueren xij pl. » 1432, f° 14ro.

[2] Voyez *'t Groot gemeyn Boeck B.*, f° 30.

[3] « Ghegeven Arde van Voirspoel van *Sinte Daneels Kerkel*, van den Bogart, daer ons Heren knilden, en van der tafelen daer ons Heren op at, die hi van nuws gemaect en gestoffeert heeft, bi bevele der stat, ix gripen, val. iij° lx pl. » 1437, f° 16.

[4] « Henric Hondertjaer van den crucifix te vuren xxv pl. — Jan Maegh *die ane Crucifix hinck*, xxx pl.—Voir den *Minderbrueederen* diet *graf droegen* xij pl. » *Comptes de la ville de 1438*, f° 14.

[5] « Geert van Dueringen van tj gherden ane *nuwe heilich Graf*, enz. xxviij pl. » 1437, f° 16.

[6] « Den selven (Arde van Voirspoele) van xvij nuwen schilden te maken totten xvij *Lansheren*, voir syn verwe, en arbeit, x l. vij pl. » 1438, f° 14.

[7] « Arde den Coffermaker van enen notablen wercke dat hi van nuws gemaect heeft om die processie groetelic mede te verchieren, ois van *Onser liever Vrouwen Boetscappe* enz. » 1440, f° 12ro.

[8] « Arde van Voirspoel die gemaect heeft, bi bevele der stat, een notable werck der processien te zierene van *Lazarus en den ryckeman*, omme elken exemple daer ane te nemen, *daer hi van sinen arbeit niet af hebben en wille*, maer es hem betaelt 't gheen dat buten gecost heeft enz. iiij c l. xxxvj pl. » (f° 17). — Den gesellen die *Sint Anthonis Chapelle* omme vuerden xij pl. — *Comptes de 1441*, f° 22ro.

[9] Voy. *Louvain monumental*, p. 205.

[10] « Den *herders* die achter Bethleem ghingen al *singende*, voir haren cost van *wijn die sy schincen*, doen men onser liever *Vrouwen* anderwerf omme droegh, in october, l. iiij pl. » *Comptes de 1442*, f° 23.

[11] « Willem de Bere die gemaect heeft enen nuwe *Voilbeyart* omme inde processie met onser liever Vrouwen te gaen, die jeghen hem verdingt was, bi Arde de Coffermaker, meester van der processien, omme 1 ryder en 1 rynssche gulden. — Arde de Coffermaker van xvi daghen dat hi daer ane en oec ane de wapenrockens van den iiij *Heymans kinderen* gewracht heeft, van schilderyen, x pl. sdaegs, val. clx pl. » — Item Wouter Edelhere, van gheslagen goudt en silver omme de scilde opte cooperloir en wapenrock, iij Peters. — Item van taergien en de sweerden die iiij *Heymans kinderen* hadden samen, xc xcij 1/2 pl. » 1444, f° 15.

[12] *Comptes de la ville de 1444*, f° 17.

[13] « Bere Jan Amoers, monic te Vlierbeec, die gedicht hadde 1 spel van verut van Onser Liever Vrouwen miraculen en van den *drien Ieraertchyen*, enz. » *Comptes de 1445*, f° 24ro.

par Henri van Bossuyt, et les accessoires furent livrés par Jean de Block[1].

Le char représentant l'*Arbre de Jessé* fut restauré en 1446. L'année suivante l'on exécuta un nouveau char représentant *la Pentecôte*. Il fut splendidement enluminé par Mathieu van Maele et Arnould van Voorspoele[2].

En 1449 figura, pour la première fois, dans le cortége un char représentant les *Trois Hiérarchies*[3].

Le peintre Hubert Stuerbout, qui tenait déjà le pinceau en 1439, remplaça, en 1454, Arnould van Voorspoele en qualité de directeur du matériel de l'*Omgang*[4]. L'artiste s'appliqua d'abord à renouveler les chars et les personnages-mannequins dont plusieurs étaient profondément détériorés. Sa femme, Elisabeth Sacx, qui était une excellente brodeuse, y travailla également. Homme dévoué et artiste de goût, Stuerbout augmenta considérablement l'importance du Cortége. Il travailla souvent aux chars en compagnie de ses deux frères Emmanuël et Nicolas. Dans la suite il se fit aider par ses trois fils Gilles, Hubert et François, comme l'attestent les registres de comptabilité de la commune.

On confectionna, en 1460, un navire en houssines pour y placer le personnage représentant *le Comte de Louvain*[5].

Le char *des neuf Chœurs des Anges*, qui figurait à l'*Omgang* de 1461, était tellement élevé qu'on se vit obligé de le tenir en équilibre au moyen de cordes[6].

En 1462, Philippe le Bon, duc de Bourgogne, vint à Louvain à l'effet de voir l'*Omgang*. Il était accompagné du sire de Renty

ainsi que de Guillaume de Croy et logea chez Nicolas de St-Géry. Mayeur de la ville. L'autorité communale avait fait exécuter, à cette occasion, un nouveau char représentant l'*Histoire de Samson*. Le char du *Paradis terrestre* avait été entièrement renouvelé[7]. Le cortège fut splendide. On y remarquait le suffragant de Liége ainsi que les abbés de Middelburg, Tongerloo, Heilissem, St-Michel à Anvers, Gaudenberg, Parc, Vlierbeek et Ste-Gertrude. Dans l'après dîner les membres de la chambre de Rhétorique *la Rose* donnérent une grande représentation devant l'Eglise de St-Pierre.

Hercule, le géant de Louvain, apparut pour la première fois dans le cortége en 1463[8]. C'était peut-être en imitation du colosse qui avait été introduit à la fête du faisan donnée à Lille, le 17 février 1453, par Philippe le Bon.

L'autorité communale, dans le but d'augmenter l'intérêt de la Kermesse et de l'*Omgang*, vota, en 1463, deux prix en argent du poids de 16 onces, 17 grammes, à décerner : 4° à la corporation qui produirait le groupe historique le plus intéressant, et 2° à celle qui donnerait la meilleure représentation. Ces prix furent exécutés avec soin par maître Rudolphe Corsbout, orfèvre à Louvain; ils furent enluminés, selon l'usage de l'époque, par le peintre Rudolphe van Velpen[9].

Le costume d'Hercule fut complété en 1464. On lui donna d'énormes éperons comme il convenait à un colosse aussi formidable[10].

L'autorité communale fit exécuter en 1465, un nouveau *Cheval*

---

[1] « Jerst ane iij Jerarchyen der Ingelen die van nicuws weder gestoffeert syn, metten gerempte daermen op speckden. Eerst *Henrich van Bossuyt*, schildere, van xxiiij dagen dat hi 't voircreven wercke van *den iij Jerarchien* gestoffeert heeft, vander Ingelen, vlogelen cronen en ander werck daer toe dienende, xij pl. 's daegs, val. ij c lxxx viij pl. Sinen cnaep van xxv dagben, vij 1/2 pl. 's daegs, val. clxxx vij 1/2 pl. — Item, Jan de Bock van 1 pauws cronen voir den Godvader en van j Keyserscrone voir den Soue en voir die Sonne daer ons Vrouwe inne sit, in den oversten trone, weel en notabelic ghemaect van tenne xc pl. » *Comptes de* 1445, f° 15vo.

[2] « Arde vander Horst, screniemeker, van 1 nuwe huse dat hi, bi bevele der stat, gemaect heeft, omme de processie van Onser Liever Vrouwen te stofferen wes de heylichgeest nederquam dalen opten *goeden Zinxsten dach*, onder de xij apostelen, xiiij rynsguldens. — Matheus van Malle vanden voirscreven Zinxsten dage te stofferen van schilderijen van viij dagen, xij pl. sdaegs. Item, Arde de Coffermaker van gelycke enz. » 1447, f° 21.

[3] « Den harnasmeker van dat hi eyn wapen geleent heeft en syn hernasch dat de *Hertoge van Brabant*, int schip in de processie, aen hadde, xij pl. Peter Vanden bossche van ix *Chore der Ingelen* en de iij *Jerarchyen* omme te vueren. 1 ryder. » 1449, f° 10.

[4] *Comptes de la ville de* 1455, f° 11vo.

[5] « Jose de Mandemaker van eenen nieuwen seepe te maken voor den *Greve van Loevene* xviij pl. » 1460, f° 11.

[6] « Item, Pauwelse Vanden Bossche, Peteren Vanden Bossche den jonghen, Janne Katsuers en Arnde Vanden Savelpoele die den *Ommeganck* van der processien hilpen verwaren en houden met corden *die ix choiren der Ingelen*, dat in gene mesvalle comen en sonden, elken van hen vij pleckeu, val. xxiij pl. » 1461, f° 11vo.

[7] « Item Arnde Vander Horst, schrijnmaker vanden paradijse te hermaken en vanden *priele te maken daer Sampsoen inne leeght*. I gulden xviij pl. — van eenen nuwen wagene tot *Sampsoens priele* ij guld xij pl. — Item (Hubrecht de Schildere) van viij scholeien te schildere, en xxix schilden voer *d'Amboehter op de merct*, xv st. Item, voer de huere van den poerde van *Coninck Karle* iiij st. Item, noch gegheven den ix gesellen die met *Sampsoene* ghinghen ii st. — Item, Andriese de Meyer van viij ellen lynenlakens geel te verwen daer met de *Fijlistyne* achter *Sampsoen* gaende in de processie gecleet waren, xxiiij pl. » 1462, f° 16-17.

[8] « Item van *Ercules* te dragen xlv pl. » 1463, f° 8vo.

[9] « Om ter eren Onser Liever Vrouwen de processie te doen versieren, soe heeft de stad doen maken ij manieren van *selveren prisen*, op ten processide van Onser Liever Vrouwen te winnen, d'een daeraf metten schoensten betoonen op geestelyken sin diemen met omgaene in de processie, d'ander metten schoensten spelen van gestelyken bewyse, daer af de juwelen worgen xv oncen, ix ingelsen. Item, ten bevele vander stad, noch doen maken den speelders een juweel dat woech xxviij ingelsen, syn tsamen xvj oncen xvij ingelsen. Elcke once xx stuvers. *Rolove Kersbout* voer syn lakinge en betelen te smeden t'samen xlij stuvers. *Roolove van Velpe* vanden vorscreven juwelen te schilderen als van vij stuken, xx st., valet t'samen xxij gulden ix pl. » 1463, f° 9.

[10] « Van *Arcules* sinen tabbaert te doen wydene en dien te schilderen — Jan de Spoermaker van twee *groote sporen* te maken voer *Ercules*, xxx pl. — Hansene de Soelmaker van twee *schoene* te maken totten selven *Ercules*, vj pl. » 1464 f· 14. — « Den gesellen die *Arcules* droegben lvi pl. » 1466, f° 17.

Bayard, pour motif que l'ancien tombait de vétusté. Josse Bayart, sculpteur à Louvain, fournit la forme en bois pour la confection des cuirasses en papier doré des quatre fils Aymon[1].

Ce fut en 1466 qu'on introduisit, pour la première fois, dans le cortége l'*Archange St-Michel* avec *le Démon*. Ces deux personnages, représentés par des adultes, avaient pour mission d'écarter la multitude[2]. L'archange, armé d'une croix, conduisait le diable au moyen d'une chaîne. Ce dernier était grotesquement accoutré et portait des grêlots à sa jaquette. Il tenait un long croc de fer à la main pour écarter la foule lorsqu'elle devenait trop importune.

On exécuta ; en 1470, un nouveau dragon pour être porté dans l'*Omgang*. Ce monstre, qui avait des proportions colossales, vomissait continuellement des flammes, pour l'amusement du peuple[3]. Pendant la même année, l'on confectionna quatorze manteaux blancs pour les personnages du char représentant *la Pentecôte*[4].

Josse Beyaert exécuta en 1475 une statue en bois représentant le petit Jésus pour figurer dans le char offrant *la Naissance du Sauveur*[5].

L'autorité communale ordonna, en 1481, d'exécuter un nouveau St-Christophe. Les ferrures de cette statue colossale furent exécutées par Jossè Meisys et les sculptures par Otthon van de Putte. Jean Ballinex, chapelain à St-Pierre fit mouvoir la première fois ce mannequin ainsi qu'il résulte des comptes de la ville[6].

En 1482 il fut confectionné, aux frais de la ville, un nouveau char représentant *l'Assomption de la Ste-Vierge*. Pendant cette année l'on introduisit dans le cortége trois personnages nouveaux figurant *les Rois Mages*, assis sur des quadrupèdes en osier portés par des hommes[7].

Hubert Stuerbout, le directeur dévoué du matériel de l'*Omgang*, mourut en 1483. Il fut remplacé par son fils aîné Gilles Stuerbout, qui restaura tous les chars, en compagnie de son frère François et d'Arnould Crauwel[8].

En 1484 Otto Vande Putte exécuta une nouvelle tête de St-Christophe. Le manteau de ce mannequin consistait en deux draps de lit ajustés[9]. Le dragon de St-George vomissait en 1485, des flammes au moyen de fusées qu'on allumait à l'intérieur[10].

En 1486 l'autorité communale décréta l'exécution d'un nouvel arbre de Jessé. L'arbre généalogique, confectionné par le menuisier Renier Colx, était orné de branches en fer forgées par Henri van Calemont. On observait sur les branches treize prophètes et rois, assis dans des fleurs épanouies. Ils portaient des couronnes en étain doré et des sceptres exécutés en bois par Otthon Vande Putte. Le char fut enluminé par Gilles Stuerbout, aidé de son frère François et de son ouvrier Thierry Vanden Ouwenwater[11].

---

[1] « Jerst hy Reyneren Colx overbracht, hem selve, gewracht aen een houten pert te maken dat men *Voelbayart* heet, mids dat d'oude pert van dien van ouden al gebroken was, ij guld. xxxiij pl. — Joese Bayart vanden vormen daermen 't harnasch van den iiij hemskinderen van papier op gevormt heeft. ij guld. iij pl. » 1465, fº 31vº.

[2] « Den *ijngel Sinte Machiel* die in de processie voerschreven *den Duvel leydde, omme plaetse te makene*, hem vergouwen xv pl. » 1466, fº 17. Totten duvele die Sinte Machiels leidt by Hubrechte de Schildere gecocht vj staepbellen coste stuck iij pl. val. xv iij pl. » 1472, fº 18. — Item, Hubrechte van Middelborch die hem toegemaect hadde als d'*Ingel St-Michiel* die tegen den viant vecht en plaetsse maect in de processie, bem daer voer xviij pl. » 1493, fº 380vº.

[3] « Item, Reyneren Colx, schrynmaker, van eenen *nuwen drake* te maken die men inde processie omme draeght, ix pl. — Totten vorscreven drake georbert enen lanterne daer men, t vier met outslack dat hy spuyde en corden, v 1/2 pl. » 1470, fº 11.

[4] « Wantmen in voerledene tijde groot gebreck heef gehadt in versieringhe vander processien vorscreven, sunderlinghe in de perso- naglen vanden Sinxendage, midis datmen daertoe gheen *witte mantels* en hadde en moesten altyd ontleenen daerom datmen dicke quaelic coste geerigen, soe syn byden Rintmeesteren vander selver stad doer toe doen copen ij witte artichbache saije. daeraff gemaect syn xiiij witte mantels en costen de vorscreve saye, elc van xl ellen laock, 't samen in gulden te liiij *plecken ix guld. xviij pl.* » 1470, fº 12.

[5] « Joese Beyart, van eenen Jhesuse te makene die inde tabernacule van Bedleem met omgevuert wort liiij plecken. » 1475, fº 12.

[6] « Item her Jan Ballinck, priester, die op den processie dach hem selven toemaecte als *Sinte Kerstoffel* dair de processie met gheciert was, te drinckghelde hem vergouwen 1 gulden, xxvij pl. — Van den selven Kerstoffele van nuws te roekenen en toe te makene, in den versten vergouwen Joesse Metsys van twee yseren dair de voeten duere ghingen vanden ghenen die Sinte Kerstoffel droech, xv pl. — Item, voer viij sterke riemen met hueren ghespen, daer Sinte Kerstoffels beene met gebonden waren aen de beene vanden ghenen dien droech xij pl. — Item, Oetten (vanden Putte) den beeisnydere, van den voeten te makene xv pl. — Item, twee groote hantscoenen, enz. » 1481, fº 27vº.

[7] « Item van den drie beesten daer de *drie Coninghen op ryden* in de processie (te dragen) enz. 1482, fº 53. — Item, Janne Steckaert vanden drie kemelen oft beesten daur die *drie Coninghen op ryden*, in de processie, de gesellen daer toe te stellen diese dragen liiij pl. » 1492, fº 107.

[8] « Item, meester Gielijs Sturbouts, schildere, overbracht hem selve, iij sept. xcj, vander selver processien te repareren en daer aen ghewracht vj dagen, 's daegs xij plecken. » Item, *Francisse syn brueder* van gelycken daer aen gewracht met *Arnde Crauwel* 't samen xij dagen, 's daeghs x pl. val. iij guld. xxx pl. » 1491, fº 114vº.

[9] « Item, Otte vanden Puette van twee slapelakenen daer aff gemaect es den mantel van Ste Kerstoffel coste xviij stuvers. De selve gemact thoet van Ste Kerstoffel daer voer vergouwen xij st. » *Refectien*, fº 92, 1484. — Item, by Anthonys Passteiken doen maken twee *Scaetsen* daer St. Kerstoffel op soude gegaen hebben, in de processie xv pl. » *Refectien*, 1491, fº 277.

[10] « Item meester Arndt van Mechelen van xviijen *fuseen* te makene daer den *Draeck t fier met spouwen* sal, xxvij plecken. — Item, eenen geselle die de *poppen scoet* in den *Draeck*, vergouwen voer synen arbeit ix plecken. » *Refectien*, 1485, fº 130vº.

[11] « Dit es de stoffe in silvere in goude en in alrehande werwe die gegaen es totter nuwer *Roeden van Jessen*.— Otte de Belsnidere (Van De Putte) van xvj Cepter stocken die de Coningen opde roede van Jessen en oic te perde in huere hant hebben sullen, xxxvj st. — Item, den selven Otten van eender crone vormen in een stuck blaustens te stekene, xxx pl.— Van den clede dwelck om den wagen daer de Roede van jeessen op steet omme gheet, te stofferen ende te makene, met xiijen Profeten en elck met zynder actorileyt, en vanden hoykens die de Coningen die in de blomen zitten sullen op de Roede van jesse te stofferen, overbracht, by meester Gielys de Scildere, xª augusti lxxxvj. » Voyez *Refectien*, 1486, fº 151.

On l'assaya dans la nuit qui précéda le jour de l'*Omgang*.

Le sculpteur Otthon Vande Putte exécuta en 1494 seize sceptres tant pour les rois qui figuraient sur l'arbre de Jessé que pour ceux qui figuraient à cheval dans le cortége. On le lui paya 6 plecken la pièce[1].

Le compte de la ville nous apprend, qu'en 1495, la demoiselle de l'Estaminet l'*Étoile*, rue de la librairie, représentait la Ste-Vierge sur l'arbre de Jessé[2].

En 1496, l'on introduisit dans le cortége plusieurs animaux bizarres en osier, montés par des jeunes garçons. Ces quadrupèdes étaient portés par des hommes[3].

Rombaut Van Berlaer, peintre-décorateur, remplaça, en 1495, Gilles Stuerbout en qualité de directeur du matériel de l'*Omgang*. Il fut remplacé à son tour, en 1499, par Arnould Vander Phaliesen dit *Aert in den Meynaerdt*, peintre-décorateur, natif de Louvain. Comme cette nomination avait été faite à la minorité des membres du conseil elle fut annulée en 1502, et Van Berlaer fut rétabli dans ses fonctions[4]. Cet artiste avait renouvelé, en 1497, la plupart des mannequins de l'*Omgang*. Le navire de Ste-Ursule avait été restauré à la même époque[5].

L'on confectionna, en 1502, de nouveaux costumes pour Adam et Eve, pour les quatre fils Aymon, pour les prophètes et les apôtres. Le navire du comte de Louvain était alors conduit par les haleurs de Wechter[6].

Au commencement du 16e siècle, cette époque de rénovation par excellence, plusieurs chars, montés, dans le cours du siècle précédent, furent abandonnés et remplacés par d'autres. En 1502 les chars et mannequins en osier appartenant à la ville consistaient en :

1° *Le Paradis terrestre;* 2° *l'Arbre de Jessé;* 3° *l'Annonciation;* 4° *la Noël;* 5° *la Pentecôte;* 6° *l'Assomption;* 7° *les neuf Chœurs des Anges;* 8° *St-Michel et le Démon;* 9° *St-Christophe et son Ermite;* 10° *le Cheval Bayard;* 11° *St-George et le Dragon;* 12° *le Géant Hercule;* 13° *Trois animaux bizarres;* 14° *l'Empereur Octavien;* 15° *le Navire des onze mille Vierges;* 16° *le Jardin des Olives*[7]. Ces trois derniers chars furent abandonnés dans la suite et remplacés par 1° *la Présentation au Temple;* 2° *la Visitation* et 3° *la Résurrection*. A partir de 1520 jusqu'à la fin du 16e siècle,

le cortège n'a subi d'autres mutations que celles qui sont indiquées dans le Manuscrit de 6me Boonen, dont nous publions les dessins.

Notre cortège communal jouissait alors d'une réputation éclatante. Marguerite d'Autriche, gouvernante des Pays Bas, conduisit, le 2 septembre 1509, son neveu Charles Quint à Louvain à l'effet de lui montrer l'*Omgang*. Le prince, qui comptait alors 9 ans, vit le cortége d'une estrade dressée à la Grand'Place. Après la cérémonie l'autorité communale lui offrit un banquet dans l'un des salons de l'Hôtel-de-Ville qui était tendu de magnifiques tapisseries historiées[8].

Jean Willems, peintre-décorateur, remplaça en 1527, Rombaut Van Berlaer comme directeur du matériel de l'*Omgang*. A cette époque un homme, qui cultivait la peinture et le modelage en amateur, Barthelemy van Kessel, sacristain de l'église de St-Pierre, prenait annuellement part à la direction du cortége ainsi qu'il résulte des comptes de la ville. Il dirigeait souvent à cheval les groupes historiques des corps de métiers, conjointement avec le Prieur des Carmes chaussés. Notre Van Kessel fut sacristain à St-Pierre de 1495 à 1535[9].

En 1527 le cheval Bayard fut restauré par le sculpteur Lancelot Van Voorspoele, qui travailla de nouveau, pendant 28 jours, aux objets du cortége en 1529, comme l'attestent les comptes de la ville.

Les chameaux en osier, sur lesquels se tenaient les Rois Mages, furent renouvelés en 1529[10].

André de Coster, tailleur, confectionna, en 1531, de nouveaux vêtements pour St-Christophe et l'enfant Jésus. Il fournit également deux vestes et deux paires de bas pour Adam et Eve, circonstance qui semble prouver que ces deux personnages bibliques portaient alors le costume de l'époque[11].

En 1532, apparut pour la première fois dans l'*Omgang* la statue colossale en osier de Mégère, l'épouse du géant Hercule[12]. Elle montait un cheval blanc et derrière elle, sur le dos du quadrupède, se tenait un singe jouant avec un joujou[13]. Ceux qui portaient la statue faisaient, au moyen d'une ficelle, remuer sans cesse la tête de Mégère ainsi que la tête et les bras du singe.

Jean Willems, directeur de l'*Omgang*, mourut en 1547. On le

---

[1] *Comptes de la ville de 1494.*

[2] « Item, *Berbele*, die dochter *inde Sterre*, die conterfeyt onse Lieve Vrouwe sittende opte roede van Yessé, ix st. » 1495. f° 285.

[3] « Item, van den *Fremden dieren daer de jongers* op sitten te doen dragen, 1 guld. » 1496, f° 354v°.

[4] Voyez un acte du 16 août 1499. *Armoire aux chartes, litt. S, n° 9*, et *Cloyn ordonnantie Boeck*, f° 95.

[5] « By meester Reyneren gemaect rollen om de title van den Ingelien op den ix chooren der Ingelen te scriven. Item, 't *schep* te lappen non *Sente Ursele*. Item, St. Jorys geleije te maken daer voere v stuvers. » *Refectien*, 1497.

[6] *Manuel des dépenses de la ville de 1502,* ff. 508—509.

[7] *Manuel des dépenses* de 1512, f° 296.

[8] « Betaeld Christiaen de Longe... ter Kermesse xve negen dat de selve behangen heeft de stadhuys en de stellaige daer hertoge Karle den *Ongane op sach*. » *Comptes de 1511,* f° 320v°.

[9] Voy. nos *Nederlandsche kunstenaers vermeld in de onuitgegevene geschiedenis van Leuven* van J. Molanus. Amsterdam 1858.

[10] « Betaelt Jan Pasteels, cleermaker, van de clederen die hy gemaect heeft daer de *tij nieuwe kemelen* mede gedect syn. » 1529, f° 174.

[11] « Betaelt Andries de Coster, cleermaker, van Ste Christofels mantel oft rock te maken metten bourdueraele in Jehesus ruck xxxiiij st. — Item, twee wambuysen en ij paer coussens voer *Adam* en *Eva* viij st. » *Comptes de 1531,* f° 172.

[12] « Betaelt van der *Resinne* te dragen Geerde Vryeel, poertier, voer de dragers, speelman en des dien acncleeft te samen ij lib., iii stuvers. » 1532, f° 166. — Betaelt Jan Willems, scildere, van een paer slapelskeus om de *Resinne* mede te decken en heur peert — xiiij st. » Ib. f° 168.

[13] « Betaelt Geerde Vryeel vanden Reusinne te doen dragen *metten Symeken te doen spelen* ij st. — ij lib. xiij st. » *Comptes de* 1539, f° 140.

remplaça, l'année suivante, par Jean Van Rillaert, peintre d'histoire et l'un des coloristes remarquables du 16e siècle comme l'attestent les travaux qu'il a laissés dans les monuments publics de Louvain. Cet artiste, qui comprenait toute l'importance de sa mission, se dévoua noblement en faveur de notre cortége. Il consacra chaque année plus de six semaines à restaurer et à préparer les chars et les personnages. Les trésoriers communaux, prétextant qu'il jouissait d'un gage annuel assez élevé, lui contestèrent, en 1552, tout droit à une rémunération du chef de cette besogne extraordinaire. Mais l'artiste s'adressa à l'autorité urbaine qui fit droit à sa demande. Par résolution du 28 juillet 1553, elle porta ses appointements à 24 florins royaux[1].

Ce fut Jean Van Rillaert qui renouvela en style de la renaissance tout le matériel du cortége. Les chars, qui figurent dans ce volume, sont en grande partie des créations de cet artiste.

Le 6 juillet 1562 il fut résolu de faire confectionner des cannes à l'effet de les distribuer aux magistrats et aux employés communaux pour accompagner l'*Omgang*. L'usage d'accompagner les cortéges communaux avec des cannes peintes avait déjà été introduit dans d'autres villes du pays[2].

Jean Van Rillaert mourut en 1568[3]. Il fut remplacé, par résolution du 31 mai 1570, par Henri Van Valckenborch, peintre-décorateur[4], qui eut lui-même pour successeur un artiste du nom de Jean Van Britseel.

Les troubles, qui éclatèrent sous le règne malheureux de Philippe II, obscurcirent considérablement l'éclat de notre Kermesse. L'*Omgang*, comme on le pense bien, ne sortait plus tous les ans. Dans le but de ranimer la fête, l'autorité communale renouvela, en 1587, la publication de la franchise de la foire de Louvain. Elle promettait dans cette annonce la plus grande sécurité à quiconque voudrait assister à la fête, huit jours avant et huit jours après le 1er dimanche de septembre, à l'exception des bannis, des malfaiteurs ou des ennemis du Roi. On invitait en même temps les habitants, à enlever les tas de fumier déposés devant leurs maisons et à nettoyer les rues[5].

En 1536 il avait été reconnu que les Doyens de la draperie avaient de tout temps pris rang et séance immédiatement avant les autres membres de l'autorité. Il avait été statué en outre de distribuer, le jour de l'*Omgang*, une mesure (*gelt*) de vin aux jurés des patriciens, aux échevins et aux doyens de la draperie comme aux autres serviteurs de la commune[6].

Cependant les guerres intestines qui désolaient les habitants de nos provinces avaient considérablement diminué le concours de la Kermesse de Louvain. L'*Omgang* ne paraissait plus qu'à intervalle. En 1605 l'on revit l'antique cortége dans les rues de la capitale de Brabant. Tous les chars avaient été renouvelés par les peintres Jean Van Britseel, Jean Van Diependale et Victor Boucleere. Dans le but d'amuser le peuple l'on introduisit dans le cortége un farceur du nom de JEAN LE BLEU ou *Blauwen-Jan*, qui, avant d'être admis, avait subi un examen à l'effet de constater son aptitude[7]. Ce personnage, qui paraît avoir été goûté par la multitude, se montra au cortége jusqu'en 1620.

Cependant les misères publiques avaient perverti le goût du peuple. Au lieu de s'intéresser aux choses élevées et instructives on s'attachait aux frivolités. Cette tendance de l'esprit populaire se manifesta bientôt dans l'*Omgang* de Louvain. On y introduisit, en 1607, plusieurs nouveaux mannequins en osier, représentant *la famille du Géant*, savoir : un fils et une fille, un bambin dans une voiture d'enfant (*Rollen-Wagen*), et un enfant (*Kinnebuba*) au berceau avec sa nourrice[8]! On avait perdu de vue le but moral du vieux cortége communal.

Dans l'*Omgang* de 1609 apparurent plusieurs Escrimeurs de Namur. Ce furent probablement des compagnons du *combat des Echasses*, autrefois si célèbre dans la ville wallonne[9].

En 1610 l'on distribua, pour la première fois de la poudre aux membres des serments à l'effet de leur permettre de faire feu par intervalles[10]. Cet usage a subsisté jusqu'en 1684.

La pluie qui tomba le 1er dimanche de Kermesse de 1614 empêcha la sortie de l'*Omgang*. L'autorité communale, dans le but d'engager les étrangers à rester en ville, fit publier au son de la trompette que le cortége sortirait le lendemain[11]. La *famille*

---

[1] Voy. le Manuscrit, n° 88, f° 234.

[2] *Résolution du Conseil du 6 juillet*, 1562. f° 276.

[3] Betaelt der *weduwe Jans wylen van Rillaer*, Magdaleene du Vinie, van 't Heiligh Sacrament huysken open af te setten op Sacraments dach l. xx.—viij 12. *Manuel des dépenses*, juin 1569.

[4] « Opten 31 dach may 1570, es d'officie van der *Stadmeesterschap van der schilderyen*, met oick d'bewaeren en stofferen vander processien der selver stadt, gevaceert hebbende doer d'afflyvicheyt van (vacat), gejont en gegeven Henrick van *Valckenborch*, opte gaegien emolumenten ende dienste daertoe staende, volgens die voorgaende acte, etc. » *Résolution du magistrat du 31 mai 1570*, f° 233vo.

[5] Voyez *Het Boeck metter A.*, n° 42, f° 109.

[6] Voyez *Het ordonnantie Boeck*, ms. n° 44, ff. 2—3.

[7] « Betaelt den persoon die *Blauwen Jan* gerepresenteert heeft ter voerschreven Processie, x stuyvers. — Den selven aen hier alsmen hem examineerde wat *singuliere consten* hy in 't lyff hadde, en oft hy tot dyen staet bequaem was x st. » V. *Comptes de la ville de* 1605, f° 124vo.

[8] « Aen d: personnen die de jonghe Reuskens gerepresenteert hebben xx stuyvers. — Aent vueren van den *Rollenwaeghen* mette huere van den perde, xxx stuyvers. — Aen 't kint in den *Rollenwaeghen* x stuyvers. — Aen de voestere xx stuyvers.—Aen ij jonghe Reuskens xxx stuyvers.—Aen den moeselare.—Aen *Blauwen Jan* x stuyvers. » 1607, f° 110vo.

[9] « Betaelt aen sekeren *Namuroysen schermers* van de processie van Loven kermisse verciert te hebbene, voer eener gratuiteyt 5 livers. » 1609, f° 117vo.

[10] « Betaelt Barbara van Schutteput voer de leveringhe van xc pont poyers, tot ix stuyvers 't pont, gelevert aen de iiij gulden ter processien van Loven kermis xl. lib. x st. » 1610, f° 130.

[11] « Aen Jannes Liuts, vuytroepere, van metten trompette lancx de straeten vuytgeroepen te hebbene, dat de processie van Loven kermisse des maendaechs gaen soude, mits den regen en vuylwedere des sondaechs ij lib. » 1611, f° 124.

du Géant avait été augmentée de deux fils, marchant à pied[1].

En 1614, le cortége fut augmenté de deux personnages nouveaux : un Espagnol et une femme hollandaise; c'était une allusion à la situation politique du pays[2].

Au cortége de 1615 on remarqua un nouveau char représentant *le mariage de Louis XIII avec Anne, infante d'Espagne*.

Le mauvais état des finances de la commune ne permettait plus l'organisation annuelle du cortége. A partir de 1617 l'*Omgang* ne sortait plus que tous les deux ans. On se bornait alors à faire sortir les figures populaires, St-Michel, St-Christophe, St-Georges, le cheval Bayard et les Géants.

Charles Van Britsel remplaça, en 1618, son homonyme Jean Van Britsel en qualité de directeur du matériel de l'*Omgang*. A ce dernier succéda, en 1627, Henri de Smet avec le titre de maître-peintre de la ville ou *stadts-meestere schildere*.

On exécuta, en 1633, un nouveau char représentant une scène de la vie de Ste-Anne. Des nouvelles perruques furent confectionnées pour l'épouse du Géant et pour ses fils[3].

A cette époque l'*Omgang* devint de nouveau l'objet de la sollicitude de l'administration. Afin d'attirer plus de monde à cette exhibition annuelle le Magistrat, ordonna, en 1638, d'exécuter un énorme *Éléphant*, monté par quatre personnages représentant *les quatre parties du Monde*. Ce quadrupède fut historié par Henri de Smet et par son fils[4].

A partir de 1646 l'on avait coutume de distribuer des programmes du cortége. Sur ces imprimés, qui sortaient des presses de Pierre de Zangre, figurait le cheval Bayard, en gravure sur bois[5].

La paix conclue à Munster entre le roi d'Espagne et les provinces Unies fut célébrée avec pompe à Louvain. Le conseil communal décréta, le 6 août 1648, la confection d'un nouveau char représentant cet événement[6], ainsi que la distribution de 600 livres de poudre aux serments[7]. Le cortége fut splendide et avait attiré une foule énorme d'étrangers.

Il résulte du registre au compte de 1654 qu'à cette époque le char représentant *le Paradis terrestre* était orné de gazon naturel, de pommiers à fruits, de lierre, de rameaux, d'oiseaux, de lapins et d'autres animaux[8].

En 1660, l'autorité communale résolut de faire confectionner des housses pour les chevaux, attelés aux chars[9] et d'achever un char déjà commencé[10]. Les sculptures de ce véhicule furent confiées à Henri Lanckmans de Louvain[11]. Toutefois, le cortége ne sortait plus qu'à des intervalles assez considérables.

Jean Bosselet remplaça, en 1666, Henri de Smet en qualité de directeur de matériel de l'*Omgang*. Bosselet eut, en 1677, pour successeur, Martin Blendeff, peintre d'histoire[12], qui laissa quelques toiles remarquables dans les églises de Louvain. Cet artiste jouissait d'un gage annuel de 15 florins ainsi que de la franchise de certaines charges communales[13] et était en outre payé à la tâche comme il résulte de nos registres aux comptes.

Nous venons de dire que l'*Omgang* ne sortait plus qu'à des intervalles assez notables. L'autorité communale considérant que ce cortége attirait ordinairement un concours immense d'étrangers et qu'il était sous ce rapport très-profitable aux habitants, résolut, en 1681, de le reconstituer. Elle vota d'abord une somme de 3,200 florins à l'effet de faire face aux dépenses à résulter de la restauration des objets, puis un crédit spécial de 100 patacons pour la confection d'un nouveau char historique. On mit immédiatement la main à l'œuvre. Au commencement du mois d'août on envoya des placards en français et en flamand, dans les principales communes du pays pour convier les curieux[14]. Le peintre

---

[1] « Betaelt den ij persoonen die de Reuskens te voet gerepresenteert hebben xxx st. — Betaelt aen 't Reusken in de wiege ij lib. v st. » Betaelt aen 't *Kindeken-Baba* xx st. » Ib. f° 123v°. (Merten Leuuckens voert vuytstellen van ij Reuskens te peerde xxx st. — Den selven voer den man met het houten peerdeken xxx st. » 1613, f° 115v°.

[2] « Betaelt aen den Reuse in den *Rollewagen* xx st.—Aen den *Spaengaert* te peerde, xv st. — Aen 't *Hollantsche vrouwken* xv st. » 1614, f° 138v°.

[3] « Betaelt Ysabeau Wellens voer het maecken van de *paruecque* van de Reusinne ende de cleynen reuse xviij st. » 1633, f° 160v°. — Betaelt Jacques de Roovere voor het vuytstellen van *Sint Anne Waghen*, by ordonnantie ultima augusti 1633, vj lib. » Ib. 161v°.

[4] « Betaelt Benoit Sullien voor 't maecken van eenen nieuwen Olifant in de processie van Loven-kermisse, voor syne dachueren als voor synen knecht, voor xxvij daeghen, à xx stuyvers 's daechs, met het bier, begonst den xij july 1638.—xxvij lib.—Betaelt Mr Hendrick de Smet, syne dachueren met synen sone gedaen, in 't schilderen van den voorschreven Olifant, als 't gene by heeft verschoten aen de cleederen soo voor het maecken vanden selve xxxvij lib. vj st. » 1637, f° 261.

[5] « Betaelt *Petrus Zangrius* voor het drucken van het *Ros-Bayaert* te Lovenkermisse, by syne quitantie — vijj lib. » 1646, f° 178v°. Betaelt *Petrus Zangrius* voor derthien hondert *Beldekens* van desen kermis 1648 aen de stadt gelevert xix guld. » 1643, f° 193v°.

[6] « Betaelt Geersert Ducmans ende syne knechten van gewercht te hebben aenden *Nieuwen wagen van Peys ende vrede*, volgens syne specificatie, lxxix guldens, x vijj stuyvers. » 1648, f° 194v°. — « Betaelt Laureys Lissens voer de leveringe voor den nieuwen waghen, cenen Mercurius-Staff, een kyserscroon, vier roosen met ringen ende pinnen enz. xxix guld. vj st. » Id. f° 197v°.

[7] *Résolution du magistrat, du 6 août 1648, f° 5.

[8] « Betaelt tot het palleren van den Paradyswagon met *appelen boomen, most, brem, eortvelt, meijen, conynen, diversche vogelen*, breeder by specificatie xxij lib. v. st. » *Comptes de* 1654.

[9] « Voirts is oyck geresolveert die peerden te becleeden die die waghens van den Loven kermisse processie sullen trecken. » *Résolution du 18 juillet 1660, f° 217v°.

[10] « Finalyck is geresolveert dat men het maken van den nieuwen kermis waghen sal laten voirts gaen ten minsten cost. » *Résolution du 29 juillet 1660, f° 227.

[11] « Betaelt Hendrick Lanckmans voor die beltsnyderye tot den nieuwen waegen (van Peys) ende gelevert hout 118 lib. » *Comptes de* 1660, f° 192.

[12] Voy. *Comptes de la ville de* 1676, f° 72.

[13] *Résolution du magistrat du 30 juin 1677, f° 322v°.

[14] Voy. *Bescheeden, litt. K*, n° 6.

Blendeff procéda à la restauration des chars et des autres objets du cortége, conjointement avec le sculpteur Charles Symons. On plaça à l'intérieur du grand Eléphant, dont nous avons parlé, une couleuvrine en cuivre destinée à faire feu pendant le trajet pour l'amusement de la foule[1].

Le sujet du nouveau char avait été puisé dans l'histoire de la commune. Il figurait les *sept Familles patriciennes* selon la légende connue[2]. Le véhicule était construit dans la forme des carrosses d'apparat de la cour de Louis XIV ; la caisse, en forme de nacelle, était entièrement découverte, ornée d'écussons sculptés et entourée d'ornements.

Le char confectionné en 1615, représentait alors le mariage de Charles II, roi d'Espagne, avec Marie Louise d'Orléans, qui avait été célébré en 1679.

Notre conseil communal avait décidé qu'aucun membre de l'autorité ne pouvait s'abstenir de prendre part à la cérémonie que pour cause de maladie ou d'autres motifs graves, et que les portes de la ville demeureraient fermées pendant le trajet, c'est-à-dire de midi à 6 heures du soir[2]. Le cortége était magnifique et avait attiré un concours immense. Les rues étaient couvertes d'étrangers ; les fenêtres et les portes encombrées de spectateurs et de spectatrices. La commune avait dépensé à l'*Omgang* une somme de 2,899 florins. Les corps de métiers avaient également fait des dépenses considérables pour l'habillement de leurs groupes historiques comme le prouvent leurs registres aux comptes.

Dans l'après dîner de la sortie du cortége, nos deux chambres de Rhétorique, *la Rose* et la *Marguerite,* donnèrent chacune une représentation sur une estrade dressée devant la maison l'*Ange* à la Grand'Place.

L'*Omgang* se montra en 1681 pour la dernière fois dans les rues de notre cité. Le mauvais état des finances de la commune ne permettait plus la sortie de ce cortége qui fut, pendant trois siècles, l'orgueil de la capitale du Brabant.

[1]) *Comptes de la ville de* 1681, fo 215.
[2]) *Résolution du Conseil du* 27 *juin* 1681, fo 171.
[3]) *Résolutions des* 2 *et* 12 *septembre* 1681, ff. 181, et 183.

IV.

DESCRIPTION DE L'OMGANG DE LOUVAIN.

ᴇs renseignements nous font complétement défaut pour faire connaître les formes qu'offraient au 15ᵉ siècle les chars du cortége de Louvain. Nos chroniqueurs, souvent si prolixes, gardent sous ce rapport le silence le plus absolu. Tout ce que nous savons d'une manière positive c'est que les chars étaient construits en style ogival et qu'ils étaient magnifiquement enluminés.

En 1503 l'autorité communale, fière de posséder un *Omgang* qui éclipsait tous ceux des autres villes flamandes, ordonna d'en rédiger une description, destinée à servir de guide lors de la sortie du cortége. L'auteur, dont nous ignorons le nom, toucha pour son travail la somme modique de 16 sols[1]. On désignait ce volume sous la dénomination de *Livre de la Halle* ou *Halboek* attendu qu'il était déposé à la Halle au blé, remise des chars, mannequins, géants et autres objets du cortége. Par malheur, ce manuscrit, qui devait contenir des renseignements précieux, n'existe plus aux archives communales et nous avons fait ailleurs des recherches infructueuses pour le retrouver. Jean Willems, directeur du matériel de l'*Omgang*, possédait deux registres contenant des renseignements au sujet de l'organisation des groupes historiques à fournir par les corps de métiers. A la mort de cet artiste, arrivée en 1548, sa veuve les céda à la ville moyennant une somme de 4 livres[2]. Nous avons également fait des recherches infructueuses pour retrouver ces deux manuscrits[3].

La plus ancienne description de l'*Omgang* que nous possédons est celle qui se trouve dans un manuscrit achevé en 1594, par Gᵐᵉ Boonen. Cet auteur, qui a rendu des services considérables à l'étude des annales de notre cité, est encore peu connu. On ne trouve son nom ni dans Valère André, ni dans Foppens, ni dans Paquot ni dans aucune des autres biographies nous nationales publiées depuis cinquante ans. Comme son travail a servi de base à notre publication, avons jugé utile de lui consacrer une courte notice, d'après des renseignements recueillis en grande partie aux archives de la commune.

---

[1] « Item, betaelt van in gescrifte te stellen on te maken een *Boeck* daer inne *gescreven staen die partien et stucken van de figueren din geordineert syn te gane in de Processie van onser Liever Vrouwe tot Loven Carmesse* in septembri — xvj stuivers. » *Comptes de la ville de 1503*, fᵒ 257.

[2] « Betaelt Jannen Rombouts van twee *Processye-Boecken* die toebehoorden Jannen Willems, schilder, nu saliger, om daer mede te stellen de ordinantie van den amhachien, gelyck hem elck ambacht moet reguleren in de Processyen van Loeven kermisse, in't wtstellen van huere stucke, by zyn quitantie geteeckent xiiij augustij aᵒ xlviiij — iiij lib. » V. *Manuel des dépenses de 1548*, fᵒ 117.

[3] Notre savant ami Mʳ C.-P. Serrure, professeur d'histoire à l'Université de Gand, possède un manuscrit du 17ᵉ siècle renfermant les 54 groupes historiques de l'*Omgang*. Le texte qui se trouve en regard de chaque miniature est celui de Boonen. Ce volume a très-probablement servi de guide à l'un des directeurs de l'*Omgang*. C'est un in-4ᵉ oblong de 67 feuillets.

GUILLAUME BOONEN était fils de maître Laurent Boonen, clerc au Bureau de la comptabilité dit *le Registre* de la ville de Louvain, et de Anne Vander Heyden, fille de Nicolas Vander Heyden, Bourgmestre des nations[1]. Nous avons fait des recherches considérables pour retrouver la date de sa naissance; mais elles sont restées sans résultats. Tout ce que nous savons d'une manière certaine c'est que son père était marié en 1546. Après avoir achevé ses humanités, il manifesta le désir d'entrer dans l'un des bureaux de l'administration. A la prière de son père l'autorité communale le nomma, le 29 mars 1570, employé extraordinaire, sans gages, mais avec droit de succession en cas de décès de l'un des clercs ordinaires du *Registre*[2]. Boonen sut répondre d'une manière éclatante à la confiance du conseil qui l'appela, le 28 juillet 1581, au poste d'employé ordinaire au *Registre* en remplacement de Michel Vander Heyden, décédé[3]. Il épousa, vers la même époque, Gertrude Cloet dont il eut plusieurs enfants. L'un de ses enfants fut baptisé à St-Pierre, le 18 février 1582[4]. Boonen, qui vivait à l'une des époques les plus misérables de notre histoire, possédait trois maisons rue de Diest, entre les rues des OEufs et des Carmes Chaussés. Il habitait l'une de ces demeures, dont celle du milieu était tellement délabrée qu'elle avait été déclarée inhabitable, ainsi qu'il résulte d'une statistique de la paroisse de St-Michel, dressée en 1597[5].

Divæus avait également travaillé au bureau du *Registre* et y avait fait des recherches sur l'histoire politique de Louvain qu'il consigna dans un livre actuellement encore en réputation. En consultant les vieux registres aux comptes, en parcourant les cartulaires et les autres manuscrits qu'on y conservait, Boonen développa un vif amour pour les annales de sa ville natale. Il approfondit notre histoire dans ses moindres détails et consacra tous ses loisirs à cette intéressante étude. Notre investigateur mit dans ses recherches toute la ténacité et l'exactitude d'un bénédictin ainsi qu'on peut s'en convaincre par la lecture de ses travaux. Divæus et Molanus écrivirent en latin; Boonen employa la langue du peuple et conserva ainsi à ses investigations un cachet d'authenticité que ne présentent pas celles de ses devanciers.

L'auteur acheva, en 1592, une dissertation très-intéressante sur l'origine et les priviléges des sept familles patriciennes[6]. Il travailla en même temps à son histoire de Louvain, entreprise colossale qu'il acheva en 1594. Ce travail, qui renferme les dessins de l'*Omgang,* porte le titre suivant :

Een cort verhael oft Memorie-Boeck van den Hertogen van Brabant, van den ouderdom der Stadt van Loven, vande seven oude originele geslachten der selver Stadt ende haere Sinte-Peeters-Mannen, bedeylt in iiij deelen oft Capittelen.

Het eerste Capittel, tracteert vanden Hertogen van Brabant, met sommige privilegiën by hen der Stadt Loven verleent.

Het tweede deel, van den ouderdom der Stadt van Loeven, haere edificien ende oude Strictueren, der Kercken ende Cloosteren outheyt, die vruchtbaerheyd van de loevensche landen; onder wat bisdom die van Loven gestaen hebben, 't regiment haerder policyen, hunne cruyschhandel, haere groote traffycke van den wullenweveren, die commotien ende oproeringhe binnen Loeven byde gemeynte voertgekeert, die schoone excellente Kermisse-Processie van Loeven, met alle haere figueren ende Waegenen met declaratie van de selve ende andersints.

Het derde deel, van de Seven oude originele gheslachten ende Peeters-Mans der voerschreven Stadt, ende de ghene onder hen, als geallieerde resorterende, met alle hunne waepenen.

---

[1] « Laureys Boonen, wesende behouwt zone van Nicolas vander Heyden, Borgemeester deser stadt. » Résolution du 4 février 1546. Voyez le texte dans mes *Mengelingen voor de Vaderlandsche Geschiedenis*, insérées dans le *Vaderlandsch Museum* de M. Serrure, t. 3, p. 59.

[2] Voy. *Gemeyn boek of kleyn ordonnantie Boeck*, f° 24.

[3] Manuscrit cité, f° 24.

[4] Registre des naissances de la paroisse de St. Pierre, f° 340.

[5] « DORPSTRAET. Hier volgt het huys toebehoerende GUILLIAM BOON en by hem bewoont, Clerck op het Register deser stadt, zynde maer een familie. — Daer naest volgt een ruineus huys toebehoerende den voorscreven Boon, ombewoont midts der caduciteyt. — Daer naest volght het huys daer inne woont Mathys de Buer en met hem Jan de Scheper, toebehoerende oyck Guilliam Boon, hebbende die voorscreven Mathys en Jan elck een coeye en zynde twee familien. » Voy. *Cohieren van de hersteden bevonden onder St-Michiels parochi binnen Loven*, a° 1597, farde, n° 50 litt. C.

Le père de Boonen demeurait à cette époque rue de Tirlemont, entre la rue du Chêne et la Grand'Place : « Item, Mr LAUREYS BOONEN, Clerc van den Register deser stadt, met twee dochters, eene maerte in zyn eygen huys. » *Cahier de 1597*, f° 5. Laurent Boonen mourut le 2 mai 1606. Voy. *Compte communal de 1605*.

[6] Elle porte le titre suivant : *Memorie-Boeck van den vryen huysgesinne afkomsten ende familie der kercken van Ste-Peeters te Loeven*. vol. in-f° de 62 feuillets. Voyez notre analyse de ce travail dans l'opuscule de M. Henri Lavallée, intitulé : *Notice sur les Sint-Peetersmannen ou hommes de St-Pierre de Louvain*. Bruxelles 1834.

Les archives de la ville possèdent en outre de la main de Gme Boonen les trois volumes suivants :

1° *Antiquiteyten der stadt Loven, admissien van Cloosters, Goidthuysen, Abtdyen. Gilden, Gasthuysen, Begynhoven, Collegien, Bruggen, Arcken, Sluysen, Fonteynen*, 1594, vol. in-f° de 80 pages. C'est le brouillon d'une partie de son histoire de Louvain.

2° *Antiquiteyten ende oude Structueren ende Bouwinghen binnen der stadt van Loven*. vol. in-f° de 22 pages.

3° *Commoengemeijeren, Schepenen en Raeden diemen bevindt der stadt van Loven gedient te hebbene, zedert den jare van xj c lxxxvij tich totten jaere van xiij c lxxviij tich beyde incluys*, vol. in-f° de 106 feuillets. Ce manuscrit, auquel le secrétaire G.-A. van Dieve a donné le titre de *Magistraturen der stadt Loven*, contient une liste des Bourgmestres, Echevins et Conseillers de la ville de Louvain de 1187 jusqu'en 1378.

Ende het vierde deel, tracteert van den orgen huysgesinnen ende familie der Kercken van Ste-Peeters ende den Sincte Peeters-mannen daertoe hoorende.

Ce travail, écrit avec soin, forme deux volumes in-folio, ensemble de 670 feuillets ou 1340 pages. On le désigne tantôt sous le titre de *Liber Boonen,* bien qu'il ne porte nulle part le nom de l'auteur, et tantôt sous celui d'*Antiquitates Lovanienses* attendu qu'au 18e siècle, lorsqu'on lui donna une nouvelle reliure, l'on plaça à tort, sur le dos, cette inscription latine.

Le premier volume (feuillets 1 à 290) contient une chronique de Louvain depuis les temps les plus reculés jusqu'en 1594. Cette chronique offre des détails très-intéressants pour l'histoire de notre ville pendant la seconde moitié du 16e siècle. Elle est ornée d'es armoiries en toutes couleurs de nos princes. Le volume porte, à la fin, la date du 16 septembre 1594.

Le second volume (feuillets 291 à 670) traite de l'origine de la ville de Louvain, des monuments civils, des églises et chapelles, des corporations civiles et religieuses, des places et des rues, de la fertilité du sol, de l'autorité ecclésiastique, de l'administration communale, de l'industrie des draps et des toiles, des événements mémorables, de l'*Omgang,* des sept familles patriciennes et des hommes de St-Pierre ou *St-Peetersmannen.* L'avant dernière partie contient les armoiries en toutes couleurs de nos familles lignagères.

Juste-Lipse puisa, en 1604, dans le travail de Boonen pour la rédaction de son *Lovanium;* mais il oublia de citer le nom de l'explorateur modeste qui avait tiré à grand' peine de la mine des âges tant de renseignements utiles. Lorsque Gramaye visita, en 1606, notre ville à l'effet d'y recueillir des matériaux pour ses *Antiquitates Brabantiæ,* on le présenta à Boonen qui lui fournit une foule de documents précieux. L'historiographe des archiducs rendit hommage au zèle de notre auteur en le proclamant un *investigateur diligent des antiquités de Louvain*[1].

G^me Boonen, qui était le type de l'employé honnête et dévoué, mourut dans sa maison de la rue de Diest, le 16 juillet 1618, et fut enterré, le lendemain, à la ci-devant église de St-Michel, dans la chapelle du St-Sacrement[2]. Prêt à mourir, il adressa une pétition à l'autorité communale pour lui demander de vouloir conférer son emploi de clerc au *Registre* à Maître Arnould Swerts, licencié en droit[3], alors fiancé à sa fille, Elizabeth Boonen, dont le mariage fut célébré le jour même de son décès, ainsi qu'il résulte du registre matrimonial de la paroisse de St-Michel actuellement conservé au bureau de l'État-civil de notre commune. Le conseil accéda à la demande du vieux serviteur à la condition toutefois qu'il fit don à la ville de son histoire de Louvain[4]. Le précieux manuscrit fut déposé au cabinet du Conseiller-Pensionnaire où on le conserva avec le plus grand soin. En 1718 le pensionnaire van Besten le prêta au Mayeur van Berckel et il resta absent pendant plusieurs années. Le 19 mai 1728 le collège des Patriciens chargea son secrétaire G. A. van Dieve d'en demander la restitution à la famille van Berckel. A la suite de cette démarche le manuscrit fut restitué et on le plaça de nouveau au cabinet du Pensionnaire[5]. Un siècle plus tard la partie la plus importante du travail de Boonen disparut de l'Hôtel-de-Ville. Voici dans quelle circonstance : à la fin de 1820 feu Mr Pierre Marcelis, secrétaire de la Régence, prêta le second volume du manuscrit à M^e le Baron de Reiffenberg à l'effet de le mettre à même d'y puiser des renseignements pour la rédaction de ses mémoires sur la statistique ancienne de la Belgique, dont la dernière partie fut publiée en 1834. Mr Marcelis, qui avait quitté l'administration à la suite des événements de 1830, mourut en 1833. Au lieu de restituer le volume après en avoir fait l'usage voulu, le savant académicien le garda dans sa bibliothèque jusqu'à l'époque de sa mort. L'on supposait le précieux manuscrit définitivement perdu, lorsqu'il fut retrouvé en 1850 dans la mortuaire de Mr de Reiffenberg et restitué par

---

[1] Gramaye, *Antiquitates Brabanciæ, Lovanium,* p. 4.

[2] « 17 july 1618, sepultus est in choro venerabilis Sacramenti M. GUILLIELMUS BOOX. clericus in Registio Domus Civitatis. *Registre de la paroisse de St-Michel,* f° 19vo.

[3] « Is gelesen sekere requeste gepresenteert van weghen Mr GUILLAMEN BOONEN, Clerck van den Registre vanden Stadthuyse, versuekende dat M. *Aerdt Sweerts,* ondertrout wesende met syne dochter, midts syne indispositien soude gejont worden 't Clerckschap van den Register voorschreven, met conditien, dat indien hy genas ende kwame tot syne gesontheyt, dat dan den voorschreven Aerdt, met assistentie des voorschreven Boon, 't zelve officie als adjoint soude bedienen, sonder gagie tot dat den plaetsen vacant souden wesen, is hem 't selve gejont, mits conditien dat hy Sweerts hem in alles sal hebben te conformeren achtervolgens d'ordonnantie op het admissie van 't selve officie gemaeckt, en daer by te voege ende voorts meer dat hy gehouden sal wesen in 't net te schryven d'ordonnantie van den accysen by Boon alreede beworpen, en dat met syn eyghen hant. Ende want geseegt wordt dat onder Boon was berustende zekeren Boeck inhoudende die genealogie en namen van de geslachten van Loven, is geseegt dat den voerschreven Boon soude vermaent werden den selven Boeck (eensdeels in recompense van dit beneficie als noch andere recognitie hem naer behooren en in alle redelyckheyt te doen) soude laten ten behoeve ende gebruyke van de stad. » 17 juillet 1618. V. *Résolutions du magistrat de 1615 à 1618,* f° 294vo.

[4] Elisabeth Boonen mourut rue de Diest, le 20 octobre 1620. *Registre de la Paroisse de St-Michel,* f° 21vo.

[5] « Vergadering van de Heesen *Sinte Peetermans van de zeven adelyke geslachten,* gehouden den 19 mey 1728. — Is geproponeert van weder te vragen den Boeck geheeten *Liber Boon,* toeboerende de voorschreve geslachten, welken Boeck wylen den pensionaris van Besten, als Secretaris van dit consistorie, hadde geseyt geleent te hebben aen den heere Meyer van Berckel. Is geresolveert deu heere Meyer daer over mondeling te spreken, daertoe committerende onzen Secretaris. Diens volgens hebbe my, als Secretaris, getransporteert aen den persoon van den voorschreven heere Meyer van Berckel, hem vragende naer den voorschreven *Liber Boon,* den welken my voor antwoord heeft gegeven dat men hem zoude aenthoonen zyn recepisse dat hy dien boeck hadde gehad, niettemin zoo hy dien vond, onder de boecken en pampieren van wylen zynen heer broeder, hy dien zeer geerne zoude weder geven aen die voorschreve geslachten. My present. » Signé : GUIL. ANT. VAN DIEVE.

En marge de cette résolution se trouve ce qui suit :

« *Nota.* Dat den zelven *Liber Boon* daer na is ter hand gekomen ende berust in het Comptoir van den heere Pensionaris. » Voyez *Resolutien en ackten van de Heeren Ste Peetersmannen,* 28 mai 1728.

sa veuve aux archives de Louvain, dont il forme actuellement l'un des principaux ornements.

Ainsi que nous l'avons énoncé plus haut le second volume du travail de Boonen renferme une représentation de l'*Omgang* tel que ce cortége était constitué en 1594. C'est une suite de croquis à l'encre ordinaire, légèrement coloriés que nous avons fait reproduire avec toute l'exactitude possible. Cette collection de dessins est accompagnée d'un texte explicatif que nous publions en appendice.

Boonen utilisa pour sa description de l'*Omgang* l'ancien *Halboek* de 1505. Nous avons pu constater ce fait important par le plus ancien registre de la corporation des Graisseurs ou *Vettewariers*. Cette corporation fournissait annuellement, ainsi qu'on le verra plus loin, le onzième groupe du cortége, représentant Haesa, la fille de Caleph. Dans le registre, dont nous venons de parler, le Clerc de ce métier copia, en 1544, pour la gouverne des doyens, la description de ce groupe d'après le *Halboek*[1]. Or, cette description se retrouve d'une manière identique et mot à mot dans le livre de Boonen.

Au 17e siècle l'on publia d'après le texte de Boonen plusieurs descriptions abrégées de l'*Omgang*. Nous en connaissons les éditions suivantes :

I. *Cort begryp van den Lovenschen Ommeganck verciert met verschyde costelycke op-geruste Waghens met hunne Personagien, waer onder 34 vermaerde Vrouwen zijn te peerde, uit den Ouden-Testamente, ieder een uytbeeldende door eenige sonderlinge deught, alderheyligste Maghet Maria. Geordonneert in 't jaer 1490 door den Hooghgeleerden Heere Gillis Fabri, doctoor in de H. Godts geleertheyt, op den eersten sondagh van september. Anno M. D. CXLVI.* in 4e de 8 pages.

II. *Verclaeringhe van den vermaerden Om-ganck deser stadt Loven. Verciert met diversche Waghens ende Kemelen, waer onder 34 Vrouw-persoonen sijn ghenomen uyt de oude wet, besonderlijcken bediedende de H. Mayhet Maria. Tot Loven, by Peeter Zangrius. Anno M. DC. XLVIII. Met gratie ende Privilegie.* in 4e de 24 pages.

En 1648, l'imprimeur Everard de Witte, rue de Namur, *au Lis blanc*, édita également une description de l'*Omgang*, ainsi qu'il résulte du Compte de la ville[2].

III. *Verclaeringhe van den vermaerden Om-ganck deser stadt Loven, verciert met diversche Waghens ende Kemelen, waer onder verscheyden Vrouw-persoonen zyn ghenomen uyt de Oude-Wet. Tot Loven, by Peeter de Zangre. Anno 1681.* in-12 de 22 pages.

IV. *Verclaeringhe van den vermaerden Om-ganck deser stadt Loven. Verciert met diversche Waghens en Kemelen, waer onder 34 Vrouw-persoonen zyn genomen uit de Oude-Wet besonderlyck bediedende de H. Maghet Maria. Den lesten druck. Tot Loven, by Peeter Zangrius (sans date).* in-12 de 24 pages.

A la dernière page se trouve une gravure sur bois représentant *les quatre fils Aymon.*

V. *Den vermaerden Om-ganck der stadt Loven met eene corte uytlegginge van den selven, gedaen door den Eerw. Heer Pastoir van Leefdael, met permissie der heeren van het Magistraet. Tot Loven, by Peeter de Zangere. Anno 1681.* in-4e de 23 pages.

L'auteur de cet opuscule est G^{me} de Metser, de Oirschot, curé à Leefdael de 1644 à 1683.

VI. *Abregé de la Procession de la ville de Louvain embellie de plusieurs chariots somptueux et rares, entre lesquels il y a 34 femmes les plus célèbres du vieux Testament, sur des chameaux, chevaux etc., représentant chacune d'elles par quelque vertu singulière, la Très-Sainte Vierge Marie. Inventée et ordonnée en l'an 1490 par le très-saige Gislenus Fabri, docteur en la S. Theologie. A Louvain, chez Everard de Witte (sans date).* De 8 pages in-4e.

VII. *Kort verhael van den Ommeganck van Loven de welcke is geordonneert en ingestelt in 't jaer 1490, ende heeft gegaen in 't jaer 1656, en 1660 ende 1684.*

Inséré dans le *Nieuwen Lovenschen Almanach voor 1754. Tot Loven, by Henricus vander Haert, in den Gulden Helm, by de Merckt.* in-12.

VIII. *Beschryving van den Omgang der stad Loven* door J.-B. Staes.

Inséré dans le *Wekelyks nieuws uyt Loven,* 14e volume, année 1779, pp. 86—96.

Le savant J.-N. Paquot rédigea, d'après le texte de Boonen, une description abrégée de l'*Omgang* qu'il a publiée dans les notes de son édition de l'ouvrage sur l'iconographie chrétienne du Jean Molanus, intitulé : *de Historia SS. Imaginum et picturarum, libri quatuor. Lovanii, typis academicis* 1771, in-4e, pp. 503—506.

Il existait au 17e siècle à la Halle de l'*Omgang* un manuscrit contenant une description du cortége plus explicite encore que celle qu'on trouve dans le travail de Boonen. Dans ce volume se trouvaient indiqués non-seulement les noms et les positions des personnages, mais aussi leurs costumes, ainsi qu'il résulte d'un extrait fait en 1638, par les doyens de la corporation des savetiers et que nous publions en note[3]. Ce manuscrit, qu'on désignait sous la

---

[1] « *Die xj^e figuer,* d'vuyttreksel van de processie voer de *Vettewariers,* vuyten HALBOEK geschreven. » Voy. *Rekeningen van het Vettewariers-ambacht* van 1541, f° 5.

[2] Nous lisons dans le compte communal de 1648, f° 197, ce qui suit : « Betaelt den Boekdrucker EVERAERTS DE WITTE voor die boecken van de vuytleggingen van de Processie deser Stadt, daer mede by die heeren van het magistraet ende d'anderen heeft vereert, by ordonnantie, xx gulden. »

[3] « Vuytstellinghe van Loven-kermis. — Processie de anno 1658, 't selve ghecopieert vuyt den *Boeck van de Processie,* op de Halle, door my Matthys van Meerbeeck, ter presentie van mynen Confreer oft metdeken Antboen Sterex, dit door ordinantie van de HH. Borghemeesters, Schepenen en Raedt.

« Daer moet wesen den vader van Samsum Manué, syn huysvrouwe en eenen Ingel.

« Die moeder van Samsum moet sitten op een peerdt, heerlyck ghecleet, met eenen purperen oft violetten sattynen oft armisynen cleet, 't haer opghevlochten; daer onder een kespenen doeck oft sluyer van sattyn, met geel armisyne onder-mauwen.

« Den Ingel met een Ingels cleet aen. Manué, den vader van Samsum, sal syn ghecleet met eenen blauwen tabbaert gegordt met eenen

dénomination de *Livre de la Procession* ou *Processie-Boek*, est également perdu.

Nous allons faire connaître maintenant la composition de l'*Omgang* d'après les dessins du volume de Boonen. Ce travail servira de texte aux planches de notre livre.

Ainsi qu'il a été dit nous publions en appendice le texte même du manuscrit.

COMPOSITION DE L'OMGANG.

Les corps de métiers.

1. Les Maréchaux *(die Smeden)*, sous l'invocation de St-Eloi.

2. Les Maçons *(die Metsers)*, sous l'invocation des quatre Couronnés.

3. Les Charpentiers *(die Timmerlieden)*, sous l'invocation de St-Joseph.

4. Les Bouchers *(die Vleeschouwers)*, sous l'invocation de Saint-Liévin.

5. Les Poissonniers *(die Visschers)*, sous l'invocation de Saint-Pierre.

6. Les Tanneurs *(die Vetters)*, sous l'invocation de St-Barthélemy.

7. Les Cordonniers *(die Schoenmakers)*, sous l'invocation de St-Crépin.

8. Les Savetiers *(die Oude Schoenmakers)*, sous l'invocation de St-Crépinian.

9. Les Meuniers *(die Molders)*, sous l'invocation de Ste-Catherine.

10. Les Boulangers *(die Backers)*, sous l'invocation de St-Aubert, évêque.

11. Les Brasseurs *(die Brieders oft Brouwers)*, sous l'invocation de St-Arnold.

12. Les Pelletiers *(die Bontwerkers)*, sous l'invocation des SS. Michel, Martin et Jean-Baptiste.

13. Les Tonneliers *(die Cuypers)*, sous l'invocation de Ste-Marie.

14. Teinturiers en bleu *(die Blauwverwers)*, sous l'invocation de St-Jacques.

15. Le Grand Métier *('t Groot Ambacht)*, composé de Menuisiers, Charrons, Cordiers, Potiers, Fabricants de Chaises, etc., sous l'invocation des Saints Étienne et Mathieu et de Ste-Appoline.

16. Les Foulons *(die Volders)*, sous l'invocation de St-Séverin.

17. Les Fabricants de toile *(die Lyneweevers)*, sous l'invocation de St-Désiré.

18. Les Fabricants de Tapis *(die Leghwerckers)*, sous l'invocation de Ste Geneviève.

19. Les Tondeurs, *(die Droochscheerders)*, sous l'invocation de St-Maurice.

20. Les Tailleurs *(die Cleermaeckers)*, sous l'invocation de Saint Boniface de Crémone.

21. Les Chaussetiers *(die Causmaeckers)*, sous l'invocation de St-Michel.

22. Les Fripiers *(die Oude-Cleercoopers)*, sous l'invocation de St-Martin.

23. Les Merciers *(die Cruydeniers)*, sous l'invocation de St-Nicolas, évêque.

24. Les Faiseurs de Poches *(die Teschmakers)*, sous l'invocation de St-Gilles.

25. Les Graisseurs *(die Vettewaeriers)*, sous l'invocation de Saint-Jean en l'huile.

26. Les Couvreurs en Tuiles *(die Ticheldeckers)*, sous l'invocation des quatre Couronnés.

27. Les Couvreurs en Paille *(die Stroodeckers of Pleckers)*, sous l'invocation de Ste-Barbe.

28. Les Jardiniers *(die Fruyteniers)*, sous l'invocation de Saint-Joseph.

29. Les Barbiers *(die Barbiers)*, sous l'invocation des SS. Cosme et Damien.

Saint Michel conduisant le Démon.

Char représentant Adam et Éve chassés du Paradis terrestre par l'Ange du Seigneur.

Les trente quatre femmes célèbres de la Bible ; groupes fournis par les corps de métiers :

1. De la part des Bouchers :

Sara, épouse d'Abraham, à cheval, tenant trois pains dans la main gauche et dans l'autre une banderolle portant : *Ego dedi ancillam in sinum tuum, que videns quod conceperit despectui me habet*[1]. Derrière elle marchait Abraham tenant dans la main droite un glaive et dans l'autre cette inscription : *Ecce ancilla tua in manu tua est, utere ea ut libet.* On remarquait à sa droite Isaac, son fils, portant un fagot. Puis arrivaient deux serviteurs conduisant un âne équipé. Devant Sara marchait l'égyptienne Agar, portant du pain et de l'eau et tenant dans la main droite ce texte : *A facie Sare domine mee ego fugio.* A sa droite se trouvait un ange tenant cet écrit ; *Revertere ad dominum tuum, et humiliare sub manibus illius.* A sa gauche se tenait son fils Ismaël. *(Génèse, xvi)*.

2. De la part des Merciers.

Rebecca, épouse d'Isaac, parée comme une charmante jeune fille, sur un chameau. Elle tenait un vase en terre rempli d'eau ainsi qu'une banderolle portant : *Bibe, Domine mi*. Derrière elle s'avançait Eliezer, l'envoyé d'Abraham, avec cet écrit : *Pauillum aque michi ad libendum prebe ex hydria tua.* On observait ensuite trois ou quatre serviteurs armés, puis la Nourrice de Rebecca et enfin trois ou quatre jeunes filles portant des vases et gobelets en argent ainsi que d'autres joyaux qui avaient été donnés à l'épouse d'Isaac. *(Génèse, xxiiii)*.

3. De la part des Tailleurs.

Lea, l'épouse de Jacob, à cheval, portant des melons parce qu'elle avait obtenu sa fécondité au moyen de ces fruits. Elle était très-

---

groenen riem ende daer een terssche achter aen syn slincke syde banghende, met violette caussens, een gheel mantelken op syn Joets, met eenen turbant oft hoet op zyn turckx op zyn hooft, daer eenen sluyer van achter aen hanckt.

« 't selve alsoo vuytghestelt, door ons als dekens van het voorschreve ambacht, te weten Matthys van Meerbeeck en Anthoen Sterex op den 5 september wesende Loven-kermis dach 1658. V. *Rekening van het Oud-Schoenmakers ambacht* van 1591 tot 1658, f° 168.

[1] Nous copions *littéralement* d'après le manuscrit de Boonen les inscriptions latines que portaient les personnages des groupes historiques.

désagréable et avait des yeux chassieux. Derrière elle marchaient, deux à deux, ses six fils Ruben, Siméon, Lévi. Juda, Issacar, et Zabulon, Dyna, sa fille unique. et sa servante Zelpha conduisant deux enfants. Gad et Azer, qu'elle avait eus de Jacob. (*Génèse, xxx*).

4. De la part des Cordonniers.

Rachel, l'épouse de Jacob, à cheval, portant une idôle qu'elle avait enlevée à son père Laban. Derrière elle marchaient ses deux fils Joseph et Benjamin, ainsi qu'une servante appelée Bala, qui conduisait deux enfants Dan et Nephtalim (*Génèse, xxxi*).

5. De la part des Bouchers vendant de la viande de mouton.

Thamar, bru de Juda, à cheval, tenant un sceptre auquel était attaché un anneau d'or. Derrière elle marchait un berger portant un agneau ainsi que l'inscription suivante : *Ubi est mulier que sedebat in bivio.* Puis arrivaient cinq ou six campagnards dont l'un tenait une banderolle portant : *Non fuit in loco isto meretrix.* (*Génèse, xxxviii*).

6. De la part des Chaussetiers.

Asenath, épouse de Joseph, à cheval. Derrière elle ses deux fils Manassès et Ephraïm et trois ou quatre dames d'honneur. (*Génèse, xli*).

7. De la part des Couvreurs en tuiles.

La prophétesse Marie, sœur de Moïse, à cheval, jouant du tambourin et chantant : *Cantemus domino gloriose enim magnificatus est equum et ascensorem ejus dejecit in mare.* Derrière elle s'avançaient plusieurs femmes jouant également du tambourin et chantant le même cantique. (*Exode, xv*).

8. De la part des Poissonniers.

Therbis, épouse de Moïse, représentée comme une négresse. Elle était à cheval et tenait un anneau orné d'une pierre gravée qu'elle avait reçu de son mari. Derrière elle marchaient plusieurs nègres et négresses. (*Hist. eccl. sur l'Exode*).

9. De la part des Chirurgiens.

Séphora, épouse de Moïse, à cheval, circoncisant un enfant qu'elle tenait sur un coussin. Cet enfant était Eliézer. Derrière elle marchaient un ange, armé d'un glaive, et Moïse portant les tables de la loi et la verge. On observait ensuite Gerson et cinq ou six hommes et femmes portant des enfants. (*Exode, iv*).

10. De la part des Boulangers.

Rahab, épouse de Salomon[1], à cheval, tenant d'une main un écheveau de fil de soie et de l'autre un faisceau d'étoupe. Elle était suivie de deux hommes, figurant les espions de Jérico, et de quatre gens d'armes dont le chef portait cette inscription : *Educ viros qui venerunt ad te exploratores quippe sunt.* Rahab avait une banderolle portant : *Cum porta clauderetur in tenebris et illi pariter exierunt.* (*Josué, ii*).

11. De la part des Graisseurs.

Hacsa, fille de Caleb, sur un mulet, tenant d'une main une fontaine et de l'autre une banderolle portant : *Terram australem et arentem dedisti michi junge et irriguam.* Elle était suivie de Caleb, son père, d'Hothoniël, son époux, et de deux pages armés. (*Josué, xv*).

12. De la part du grand Métier.

La prophétesse Débora, épouse de Lapidoth, à cheval, tenant d'une main un livre ouvert et de l'autre un sceptre. De la selle de son cheval sortait un palmier qui ombrageait sa tête, parce qu'elle avait l'habitude de donner ses audiences sous un arbre de l'espèce. Elle était suivie d'une foule de veuves, d'orphelins et d'autres malheureux qui lui présentaient des suppliques. (*Lois, iv*).

13. De la part des Maréchaux.

Jahel, épouse d'Héber, à cheval, tenant dans une main un long clou, bien aigu, et de l'autre un marteau ainsi qu'une banderolle portant : *Veni et ostendam tibi virum quem queris.* Près d'elle marchait Sisera armé, la tête percée d'un clou. Venaient ensuite Barach avec cinq ou six hommes d'armes. (*Lois, iv*).

14. De la part des Meuniers.

La femme de Thèbes, à cheval, tenant un fragment de meule. Elle était suivie du roi Abimelec, ayant sur son casque une pièce de meule ensanglantée et portant cette inscription : *Evogia gladium tuum et percute me, ne forte dicatur quod a femina interfectus sum.* Derrière lui marchait un archer avec une épée qu'il dirigeait de temps en temps vers la gorge du roi. On remarquait ensuite le page du monarque avec quelques gens d'armes. (*Lois, ix*).

15. De la part des Savetiers.

L'épouse de Manué, mère de Samson, à cheval, tenant une banderolle avec cette légende : *Vir Dei venit ad me, habens vultum angelicum terribus nimis.* Elle était suivie d'un ange portant ces mots : *Sterilis es, et absque liberis, sed concipiens et paries filium.* On remarquait ensuite Manué avec cet écrit : *Tu es qui locutus es mulieri* ou bien celui-ci : *Quando sermo tuus fuerit completus, quid vis ut faciat puer.* (*Lois, xiii*).

16. De la part des Tisserands.

Noemi, veuve d'Elimelec, à cheval ; elle pleurait et tenait cet écrit : *Ne vocetis me Nœmi, id est pulchram, sed vocate me Mara, id est amaram quia amaritudine valde me replevit omnipotens.* Elle était suivie de plusieurs dames et demoiselles ayant des banderolles avec ces mots : *Hec est ille Nœmi.* (*Ruth, i*).

17. De la part des Couvreurs en chaume.

Ruth, à cheval, prête à partir pour la récolte, tenant d'une main des épis et de l'autre cet écrit : *Unde michi hoc ut invenirem gratiam ante oculos tuos, et nosce me dignareris peregrinam mulierem.* Elle était suivie de Booz portant ces mots : *Audi filia ne vadas in alterum agrum ad colligendum ne recedas ab hoc loco sed jungere puellis meis.* Derrière Booz marchaient des moissonneurs avec leurs faulx ainsi que des servantes portant des sangles de paille de seigle. (*Ruth, ii*).

18. De la part des Fripiers.

Anne, mère de Samuël, à cheval, invoquant le ciel en pleurant et tenant cet écrit : *Domine exercituum si dederis serve tue sexum*

---

[1] Rahab ne fut jamais l'épouse de Salomon ; mais nous suivons le texte de Booneo.

virilem dabo eum domino. Elle était suivie d'une méchante femme appelée Phenenna, qui lui reprochait avec amertume sa stérilité, répétant sans cesse : *Dominus conclusit vulvam tuam.* Phenenna était accompagnée de plusieurs enfants portant des offrandes d'agneaux. On observait ensuite Heleana, l'époux d'Anne, qui la consolait, disant : *Numquid non ego melior sum quam decem filii ?* (*Les Rois,* i).

19. De la part des Pelletiers.

Micol, fille du roi Saül[1], à cheval, tenant sur ses genoux un mannequin doré, dont la tête était couverte d'une peau de chèvre, ainsi que cet écrit : *Quia ipse locutus est michi dicens, dimitte me, alioquin interficiam te.* Elle était suivie du roi Saül qui répétait sans cesse : *Quare sic illusisti michi et dimisisti inimicum meum ut fugeret.* On remarquait ensuite le page du roi, un officier de justice et des gens d'armes. (*Les Rois,* xix).

20. De la part des Tanneurs.

Abigaïl, épouse de Nabal, sur un mulet, tenant une banderolle avec cette inscription : *Precedite me et ecce ego post tergum sequar vos.* Devant elle marchaient quatre ou cinq ânes chargés de pain, de vin, de viande, de figues, de raisins, etc. On observait ensuite cinq dames de service portant des comestibles. (*Les Rois,* xxv).

21. De la part des Teinturiers.

Une femme de Thecua, à cheval, plongée dans la plus profonde tristesse, tenant cette inscription : *Omnes morimur, et quasi aque dilabimur in terram.* Elle était suivie du grand capitaine Joab, portant une banderolle avec cette légende : *Lugere te simula, et induere veste lugubri, et ne ungaris oleo, ut sis quasi mulier plurimo tempore lugens.* Ce guerrier était accompagné de trois membres de sa famille. (*Les Rois,* xiv).

22. De la part des Brasseurs.

Une femme de la ville d'Abela, à cheval, tenant d'une main une tête humaine nouvellement tranchée qu'elle présentait à Joab et de l'autre cet écrit : *Quare precipitas hereditatem domini.* Joab, qui la suivait, portait ces mots : *Absit, absit hoc a me, sed tradito Sibam et recedemus a civitate.* On remarquait ensuite un groupe de gens d'armes. (*Les rois,* xx).

23. De la part des Jardiniers.

Bethsabée, mère de Salomon et épouse de David, à cheval, tenant l'écrit suivant : *Bene, ego loquar pro te regi.* Elle était suivie d'Adonias, son fils, qui disait : *Precor ut dicas Salomoni ut det michi Abisag Sunamitem in uxorem.* Ce dernier était accompagné de son page et de plusieurs parents. (*3 Les Rois,* ii).

24. De la part des Maçons.

Abisag, Sunamite, épouse de David, à cheval, suivie de quatre ou cinq messagers du roi son époux. (*3 Les Rois,* vii).

25. De la part des Charpentiers.

La veuve de Sarepta, à cheval, tenant deux bâtons en forme de croix de St-André ainsi que cet écrit : *En colligo duo ligna. — Vivit dominus Deus tuus, quia non habeo panem.* Elle était suivie du prophète Jonas, portant une baleine, et d'Elie de Thesbé portant ces mots : *Affer michi buccellam panis.* (*3 Les Rois,* xvii).

[1] Micol n'était pas fille de Saül ; elle était l'épouse de David.

26. De la part des Tonneliers.

La veuve du prophète Abidas, à cheval, tenant sur ses genoux un tonneau qu'elle remplissait d'huile, et auquel était attachée cette inscription : *Affer michi adhuc vas.* Elle était suivie de ses deux fils, portant chacun un tonneau, et de plusieurs femmes ses voisines. (*4 Les Rois,* iv.)

27. De la part des Foulons.

La Sunamite, à cheval, ayant sur ses genoux un enfant mort, dont elle déplorait la perte. Elle était suivie de Giezi tenant horizontalement un bâton au moyen duquel il tâchait de ressusciter l'enfant. Derrière ce personnage venait le prophète Elisée ayant d'une main un vase rempli d'eau et de l'autre cet écrit : *Tolle filium tuum et filius vivit.* On observait ensuite cinq jeunes gens, les fils des prophètes, portant, le premier une hache, le second un pot avec des herbes sauvages, le troisième de la farine, le quatrième un bouclier chargé de vingt pains blancs, et le cinquième une salière. (*4 Les Rois,* iv).

28. De la part des marchands de vin.

La fille du roi Astrages, à cheval ; une branche de vigne sortant de son corps s'élevait au-dessus de sa tête. Elle était suivie d'Astrages, roi de Perse, et de son fils ainsi que de deux savants. Le roi portait ces mots : *Quid nam sibi vult hoc prodigium.* Et les savants : *De utero ejus egredietur filius qui dominabitur Asie et te dejiciet a regno tuo.* (*Justin,* i).

29. De la part des Passementiers.

Sara, la fille de Raguël, à cheval, tenant deux bourses remplies de monnaies. Derrière elle marchaient deux pèlerins ; le premier, avait des ailes, et portait un poisson ; le second, qui conduisait un chien, était Tobie le jeune. On remarquait ensuite des domestiques et des servantes conduisant des vaches, des porcs, des brebis, des chèvres, etc. (*Tobie,* vi).

30. De la part des Peintres.

Susanne, l'épouse de Joachim, à cheval, se tordant les mains de désespoir et répétant ces paroles : *Ecce morior, cum michi horum fecerim, que isti maliciosi composuerunt adversum me.* Elle était suivie de deux dames d'honneur ainsi que de deux vieux juges : Sédéchias et Achas, dont l'un portait une pierre pour lapider Susanne, l'autre cet écrit : *Dimisit puellas a se, venitque adolescens et concubuit cum ea.* On observait ensuite des juifs pour lapider la condamnée. Le prophète Daniël, qui suivait, tenait cet écrit : *Mundus ego sum a sanguine hujus.* Celui-ci était accompagné de Joachim et de quelques femmes portant ces mots : *Quid est iste sermo quem tu locutus es ?* (*Daniël,* xiii).

31. De la part des Vitriers.

Anne, épouse du vieux Tobie, à cheval, tenant d'une main un rouet à filer et de l'autre cet écrit : *Heu me, fili mi, ut quid te misimus peregrinari, lumen oculorum nostrorum.* Derrière elle arrivait le vieux Tobie, aveugle, conduit par un chien ou par un jeune homme et portant ces mots : *Tace, et noli turbari, sanus est filius noster, satis fidelis est vir ille, cum quo misimus illum.* (*Tobie,* x).

32. De la part des Tondeurs.

Judith, à cheval, tenant de la main droite un glaive et de l'autre la tête tranchée d'Holopherne. Derrière elle arrivait Abra, sa suivante, portant un sac pour recevoir la tête. On observait ensuite le grand prêtre Joachim qui disait : *Tu gloria Jerusalem,* ainsi que quatre autres prêtres dont le premier répétait ; *Tu letitia Jerusalem,* le second : *Tu honorificentia populi nostri,* le troisième : *Quia fecisti viriliter, et confortatum est cor tuum,* le quatrième : *Et ideo eris benedicta in eternum.* Ils étaient suivis d'Ozias, prince d'Israël portant ces mots : *Benedictus est dominus, qui te direxit in vulnera capitis principis inimicorum nostrorum.* Archior portait l'écrit suivant : *Benedicta-tu a Deo tuo.* Des hommes et des femmes, qui fermaient le groupe, répétaient : *Fiat ! Fiat !* (*Judith,* xv, 10).

33. De la part des Faiseurs de poches.

Esther, épouse d'Assuérus, à cheval, tenant cet écrit : *Vade et congrega omnes Judeos et orate pro me.* Elle était suivie de deux dames d'honneur ainsi que du vieux Mardochée, son oncle, tenant dans la main droite une lettre qu'il présentait à la princesse et de l'autre ces mots : *Loquere regi pro nobis, et libera nos a morte.* Derrière lui venaient des femmes en pleurs portant des sacs remplis de terre. (*Ester,* iv. et v).

34. De la part des Fabricants de tapis.

La mère des Machabées, à cheval, portant l'inscription suivante : *Fili mi, miserere mei, que te in utero novem mensibus portavi.* Elle était suivie de ses sept fils accompagnés de leurs bourreaux. L'aîné disait : *Parati sumus mori magis quam patrias Dei, leges prevaricari;* le second : *Non manducabo carnes porcinas;* le troisième: *E celo membra possideo, sed propter Dei leges, nunc hec ipsa despicio;* le quatrième : *Potius est ab hominibus morti datos, spem expectare a Deo;* le cinquième : *Noli autem putare genus nostrum a Deo esse derelictum;* le sixième : *Nos autem propter nosmet ipsos hec patimur;* le septième : *Non obedio precepto regis, sed precepto legis.* On observait ensuite le roi Antiochus avec sa cour etc. (2 *Les Machabées,* vii).

Après les groupes historiques arrivaient les chars suivants :

1° L'arbre de Jessé.
2° La Présentation au temple.
3° L'Annonciation de la Ste-Vierge.
4° La Visitation.
5° La Naissance du Sauveur.
Les rois Mages. — 1° Gaspard, 2° Balthazar, 3° Melchior.
Les sept jeunes filles assises sur des quadrupèdes en osier ayant les têtes des animaux suivants : 1° Cerf; 2° Léopard; 3° Tigre; 4° Chameau ; 5° Aigle; 6° Pélican; 7° Dromadaire.
Arrivaient ensuite les chars suivants ;
1° L'Ascension du Sauveur.
2° La Pentecôte.
3° L'Assomption de la Ste-Vierge.
4° Les neuf chœurs des Anges.
Les communautés religieuses d'hommes :
1° Les Récollets.
2° Les Carmes chaussés.
3° Les Augustins.
4° Les Dominicains.
5° Les Religieux de l'abbaye de Ste-Gertrude.
6° Les Religieux de l'abbaye de Parc.
7° Les Religieux de l'abbaye de Viierbeek.
8° Les enfants de l'école de St-Pierre.

9° Le chapitre de St-Pierre.
10 Notre Dame de Louvain, précédée des musiciens des cinq quartiers de la ville.
11° L'Université de Louvain : 1° Les six massiers, 2° Le Recteur magnifique et 3° les docteurs en Théologie, dans les deux droits, en médecine et les maîtres ès arts.
Le cheval Bayard et les quatre fils Aymon, suivis de Charlemagne à cheval.
Le Géant Hercule.
La belle Mégère, épouse d'Hercule.
Les quatre grands Serments de Louvain :
1° Le Serment des arquebusiers, sous l'invocation de St-Christophe, fondé en 1506.
2° Le petit Serment de l'arc, sous l'invocation de St-Sebastien, fondé en 1343.
3° Le petit Serment de l'arbalète, sous l'invocation de St-Georges, fondé vers 1343.
4° Le Grand Serment de l'arbalète (*ouden Cruysboge of Voetboge*), sous l'invocation de Notre-Dame des douleurs, fondé en 1332.
L'administration communale : 1° les quatre Musiciens de la ville, 2° les Messagers des doyens de la draperie, 3° le Secrétaire des doyens de la draperie, 4° Les huit Doyens de la draperie, 5° les deux Messagers, 6° les trois Clercs de la Trésorerie (*het Register*), 7° les quatre Trésoriers, 8° Les six secrétaires, 9° les deux Pensionnaires, 10° les vingt un Jurés du conseil, 11° les sept Echevins, 12° le Mayeur avec les deux Bourgmestres.
Le dragon, Ste-Marguerite et St-Georges.
Représentation dramatique (le jugement de Salomon) donnée, devant l'Hôtel-de-Ville, après la rentrée de l'*Omgang,* par l'une de nos chambres de Rhétorique.

Voilà une description de tous les dessins qu'on observe dans le manuscrit de Boonen. Au 17e siècle on ajouta à l'*Omgang,* ainsi que nous l'avons fait observer, plusieurs chars et personnages nouveaux, savoir :

Le fils du Géant à cheval.
La fille du Géant à cheval.
Deux fils du Géant à pied.
Deux domestiques du Géant.
Deux enfants sur des chevaux de bois.
Un enfant dans une roulette (*Kinnebaba in den Rollenwagen*)
La nourrice et l'enfant au bureau.
Le Grand Éléphant monté par les quatre parties du monde, (1638).
Un Espagnol.
Une Hollandaise.

Chars :

1° Une scène de la vie de Ste-Anne.
2° La Pucelle de Louvain entourée de dix jeunes filles représentant les dix nations ou corporations primitives de la ville. Ce char était entouré d'une cavalcade (1684).
3° La paix conclue à Munster entre le roi d'Espagne et les états de la Hollande ou les dix sept provinces (1648).
4° Le mariage de Charles II, roi d'Espagne et duc de Brabant, avec Marie-Louise d'Orléans (1684).
5° Les sept Familles patriciennes, représentées par sept chevaliers accompagnés de leurs femmes, selon la légende connue. Ce char était précédé du comte de Louvain suivi d'une cour brillante (1681).

Nous avons fait des recherches considérables pour retrouver les dessins des cinq derniers chars ; mais nos investigations sont restées sans résultat.

Ce fut en 1681, ainsi que nous l'avons dit plus haut, que l'*Omgang* se montra pour la dernière fois dans les rues de Louvain. Cependant les chars et autres objets du vieux cortége étaient conservés avec tous les soins possibles. En 1684 Martin Blendeff, directeur du matériel de l'*Omgang* donna sa démission pour accepter le poste de peintre de l'Université ou *Iconographus Universitatis*. Le conseil, au lieu de supprimer l'emploi, le conféra au peintre Théodore Van Hanewyck. La population avait un profond attachement à ces objets et le manifesta en plusieurs circonstances. Lorsque le conseil résolut le 16 décembre 1743 d'en opérer la vente, à l'effet de convertir la Halle en écuries pour les chevaux de la troupe[1], il rencontra une vive opposition parmi les familles lignagères. Le collége des praticiens, deuxième membre de l'autorité communale, statua que les chars et autres objets de l'*Omgang* continueraient à être conservés, comme par le passé, dans « la *Halle du Marché aux Porcs*[2]. »

Pendant le règne heureux de Marie-Thérèse on aurait pu rétablir l'ancien cortége. Les dépenses considérables faites par la commune pour l'établissement du canal de Louvain à Malines empêchèrent probablement de songer à ce projet.

Les chars et les mannequins continuaient toujours à occuper leur local primitif. Mais les teignes dévoraient les vêtements des personnages; les vers perçaient le bois des véhicules. Tout le matériel se trouvait dans un état de délabrement complet. Cela engagea le conseil communal à faire aliéner tous les objets de l'*Omgang* qui appartenaient à la ville. Le 24 juillet 1779 l'on procéda à la vente publique de ces objets. Tout fut vendu à l'exception des têtes du Géant et de son épouse Mégère. Le chroniqueur Pelckmans nous apprend que cette vente ne rapporta que 500 florins de Brabant[3]. La tête du géant avait été réservée par le motif qu'elle passait pour un véritable chef-d'œuvre de sculpture. On la trouvait si remarquable que, suivant une tradition, des amateurs étrangers avaient offert de l'acheter pour autant de pièces d'or qu'aurait pu contenir son creux; mais que, quelque séduisante que fut cette proposition, elle n'avait pu décider l'autorité urbaine à s'en défaire. Lors de la vente, les têtes d'Hercule et de Mégère furent transportées à l'Hôtel-de-Ville. On les déposa au cabinet d'artillerie où l'on conservait alors le petit matériel de guerre tels que fusils, arbalètes, lances, flèches, etc. Le 21 janvier 1795 tout ce matériel, si intéressant sous le rapport de

---

[1] « Myne Heeren, aenhoort gehadt hebbende het geproponeerde by den heere Borgemeester aen hun gedaen, ende bemerkende dat het ommogelyk is van te connen logeren die peerden comende met d'attellerie als de selve bestaende in sesse a seven hondert peerden, hebben goet gevonden van te resolveren, soo sy resolveren by deseu, dat tot het logeren der selve peerden sullen gemaeckt worden eenige stallen ontrent St-Laureys Cappelle ende elders, daer het best convenieren sal, tot dien *dat de* Halle, *op de Verckens Merkt, sal geëydelt worden van de wagens ende andere toebehoorten van den Ommeganck, ende dat de selve sullen gestelt worden in de Cloosters deser Stadt ende degene syn verduert ende in geenen staet meer en syn om gebruyckt te worden, dat de selve sullen vercocht worden ten behoeve deser Stadt, om van de selve Halle gemaeckt te worden eenen stal tot logiment der peerden.* ». Voyez. *Résolution du Magistrat du* 16 déc. 1743, f° 580.

[2] « Myne Heeren maekende het tweede lith deser stad Loven, lecture gehad hebbende van de resolutie magistrael, op gisteren wezende den 10 der maend decembris genomen, consenterende dat et zullen gemaeckt worden stallen ontrent St-Laureys Gasthuys ende elders, daer het best convenieren zal; maer dat de *Wagens ende andere toebehoortens van den Omgang* zullen blyven in de Halle, op de Verckens-Merkt, gelyckt zy tot nog toe daerin zyn geweest. » *Résolution du collége des Patriciens du* 17 décembre 1743, n° 2016, f° 95.

[3] « Op heden (24 july 1779) zyn publiekelyk alhier verkocht de oude Prael-wagens de welke nogh waeren in de Stads schuere, op de Verckens-Merkt, voor ontrent de somme van vyfhondert guldens.

« Deze Prael-wagens met den grooten Reus ende Reusinne, enz., zyn gemackt geweest, zoo ik hebbe konnen ontdecken, in het jaer 1490, en hebben alle te zaemen gekost hondert guldens, waerlyk eene groote somme voor dien tyd.

« De wagens, de welke alle door den ouderdom vergaen waeren, en nu komen verkocht te worden, uytgenomen den Reus en de Reusinne, welkers hoofden op het Stadhuys berusten, en hebben maer viermael tot den Lovenschen kermisse Ommeganck gedient te weten in de jaeren 1656, 1600, 1663 en 1681, waer van de beschryvinge van desen laesten vermaerden Ommeganck van het jaer 1681, in druk uytgekomen is, en noch by vele liefhebbers te vinden is. »

Pelckmans, *Lovensch Chronyksken*, t. 1, au 24 juillet 1779. Voyez aussi Staes, *Wekelyks Nieuws uyt Loven*. T. 14, p. 80.

l'archéologie, fut jeté sur la Grand' Place et brulé au chant de *la Carmagnole*. La tête du géant périt dans les flammes[1]. Quant à celle de Mégère, nous eûmes le bonheur de la retrouver dans l'un des greniers de l'Hôtel-de-Ville. Elle figure actuellement à notre Musée historique comme le dernier fragment de l'antique cortége communal de Louvain.

La Halle de l'*Omgang* fut vendue par ordre du gouvernement français, le 4 novembre 1813. Dans le procès-verbal d'adjudication ce local figure comme suit : « Un magazin situé en la ville de Louvain, Marché aux Bêtes, composé de deux corps de bâtiments, construits en briques, couverts en tuiles et ardoises, sur une surface de deux cent quatre vingt dix-neuf mètres, soixante centimètres carrés, non loué, évalué à un revenu de cent vingt francs. » L'immeuble avait été adjugé à Guillaume Cordemans, entrepreneur de bâtiments, au prix de 1800 francs. Le propriétaire démolit la vieille Halle et en céda le terrain à un menuisier qui y éleva une maison particulière.

A partir de 1682 jusqu'en 1795 une procession sortait de l'église de St-Pierre, le premier dimanche de septembre de chaque année. Mais elle ne consistait plus qu'en une simple marche religieuse où figuraient le clergé, les abbayes, les couvents d'hommes, l'autorité communale, les corps de métiers, la garde bourgeoise des cinq sections, les chambres de Rhétorique, les huit Serments ainsi que St-Christophe et son Ermite.

Au 18e siècle nos Métiers et nos Serments accompagnaient la procession avec grande pompe. Les membres portaient des robes noires, ornées de velours, et avaient au bras l'insigne du métier, en argent ou en vermeil. Les doyens, jurés et autres administrateurs marchaient avec des bâtons en bois d'ébène, surmontés d'emblèmes en argent, qu'on désignait sous la dénomination de bâtons du métier ou *ambachts-stokken*. Les rois des Serments portaient de magnifiques colliers en argent ou en vermeil qu'on appelait *Broeken* ou *Braken*. Chaque corps était précédé d'un magnifique emblème (*keers* ou *tortse*) sculpté en bois et enluminé ou forgé en fer et entièrement doré. On observait dans chacun d'eux la statue du patron de la confraternité. Nos métiers consacraient des sommes considérables pour avoir des enseignes splendides. La corporation des chirurgiens, qui était alors très-opulente, fit exécuter en 1745, un nouvel emblème par le sculpteur Théodore Verhaghen, de Malines, auquel on paya de ce chef 160 florins[2]. Elle fit également confectionner de nouveaux bâtons de procession. Les cartouches en argent qui surmontaient ces bâtons avaient été exécutées par l'orfèvre P.-F. Ecckman, au prix de 206 florins[3]. Cette même corporation fit confectionner, en 1779, une nouvelle cotte pour son porte-emblème ou *keersdrager*. Le velours seul en coûtait 128 florins; les galons, floches et boutons 303. Ce serviteur avait un gilet de soie brodé en or, coûtant 49 florins, un chapeau à plumes, une culotte de velours noir, des bas blancs en soie et des souliers en cuir fin. L'emblème des chirurgiens fût restauré, par le sculpteur P.-J. Collin, et redoré par J. Ponsart auquel on paya 76 florins. La corporation des brasseurs, alors la plus riche de la commune, fit confectionner, en 1767, un nouvel emblème entièrement en argent admirablement ouvragé. Il portait ce chronogramme par trop prétentieux : eCCe spLenDens braXatorUM InsIgne. En 1778 la corporation des graisseurs ou *vettewarieren* paya à l'artiste-ferronnier J.-L.-B.-F.

---

[1] *Louvain Monumental*, p. 147.

[2] « Item betaeld aen den Beelthouwer Theod. Verhaguen de somme van 160 g. lden, voor het maken van de *Ambachts-tortse*. Item, aen drinckgeld aen de gasten van voorzegden beelthouwer 5 gulden. » *Comptes de la corporation des Chirurgiens*, 1745, f° 201.

[3] « Betaelt aen P.-F. Eeckman voor het maecken van de silvere *Ambachtstocken* de somme van 206 gulden, twee stuyvers. *Comptes*, ib. f° 202.

Goemans une somme de 500 florins pour l'exécution, d'après le dessin de l'orfèvre M. Lison, d'un nouvel emblème en fer battu et doré[1]. Le même métier fit confectionner une nouvelle cotte en velours cramoisi pour son *keersdrayer*. Le velours seul coûtait 149 florins, les galons 366 et les dentelles 54. Ce serviteur avait une perruque à sac (*bors-perruk*), un chapeau rond à larges bords orné de galon, une culotte en velours noir, des bas blancs et des souliers en cuir fin (*Spaensche leêren schoenen*) avec des boucles en vermeil. Les porte-emblèmes des autres corps étaient vêtus de la même manière.

Le goût du faste, qui dominait nos corps de métiers, éclatait surtout dans les processions. En 1783 quelques-uns d'entre eux consacrèrent des sommes considérables pour l'exécution d'arcs de triomphe destinés à être érigés dans les rues de Louvain, à l'occasion de la procession du Jubilé de 550 ans de l'installation de la Confrérie du St.-Sacrement à l'Eglise de St-Pierre. Les Merciers et Epiciers firent exécuter par les décorateurs Michel van Campen et Fr. Berges, d'après le plan de l'architecte G. Wirix[2], un immense arc de triomphe. Il avait une hauteur de 80 pieds et s'élevait à la Grand'Place, à l'entrée de l'église. Les Brasseurs élevèrent, à l'entrée de la rue de Tirlemont, un arc magnifique, qui avait la même élévation. Les Chirurgiens en placèrent un au Canal ; ce dernier occasionna une dépense de 210 florins. De leur côté les Graisseurs en posèrent un autre, rue de Bruxelles, à l'entrée de la rue des Dominicains. Il avait été exécuté d'après le dessin de l'architecte P. van Malderen[3], par les peintres Antoine et Denis Clevenbergh, H. Huygens, Laurent et J.-P. Geedts. Enfin les Poissonniers placèrent également un arc au pont du Marché-aux-Poissons, d'après le dessin d'Antoine Clevenberg[4]. Les deux premiers de ces arcs de triomphe, qui existent encore, et que nous avons vu figurer dans nos rues, lors de la visite du Roi Léopold, en 1832, témoignent du goût du faste et de l'opulence de nos anciens corps de métiers à la fin du 18e siècle. Ils sont d'une conception vraiment grandiose ; leurs proportions ont une très-grande élégance et leurs ornements sont pleins de caractère et de goût.

A la fin de 1784, l'empereur Joseph II résolut de supprimer les Kermesses communales et de réformer les processions. Celles de Louvain ne pouvaient échapper à cette mesure générale. Déjà le 18 Août 1785, le conseil souverain du Brabant adressa une dépêche à l'autorité communale portant défense de laisser accompagner dorénavant encore la procession de la Kermesse par « cet homme monté sur des échasses représentant le St-Martyr Christophe ainsi que celui qui est travesti en hermite. » Cette décision était conforme à un avis de Jean-Henri de Frankenberg, cardinal-archevêque de Malines, en date du 3 du même mois[5]. Un décret impérial du 10 mai 1786 défendit sévèrement les processions accompagnées d'images et de musique. A partir de cette époque les membres des Corps de métiers et des Serments ne pouvaient plus mettre leurs robes de cérémonie.

[1] « Item, betaelt aen den M' Smidt J.-L.-B.-F. Goemans de somme van dry hondert guldens, voor het maecken en vergulden van eene nieuwe *Keirsse* ofte *Tors*. — Item, betaelt aen den silversmit M. Lison seven guldens voor het maecken van 't model voor eene *Keirse*. » *Comptes de la corporation des Graisseurs*, de 1778. ff. 496-497.

[2] Item, betaelt aen den Architect Wirix de somme van 83 guldens en 6 stuyvers, voor 't formeren van 't plan van eene *Arke* te stellen aen Sinte Peeters-kercke, voor de Jubelfeeste van 't voorschreeve Broederschap (van het H. Sacrament) ten jare 1783. » *Comptes de la corporation des Merciers* de 1785, fᵒ 209.

[3] « Item, betaelt aen P. van Malderen, architect, voor een plan ofte project, voor een *arck de triumphe* voor den Jubilé van het alderheyligste in St. Peeters-kercke alhier en voordere devoiren. » *Comptes de la corporation des Graisseurs* de 1785, fᵒ 519.

[4] Tous les détails concernant des dépenses faites par les corps de métiers ont été puisés dans les registres aux comptes de ces associations.

[5] Voyez *Résolution du Magistrat du 28 Septembre* 1785.

Toutefois, ce décret, qui mécontenta profondément le peuple, fut rapporté lors de la révolution brabançonne de 1789. Depuis lors la procession annuelle eut lieu comme avant 1785, à la différence près que les porte-emblèmes des Corps de métiers et des Serments étaient seuls en costume officiel. Pendant la république et l'empire ainsi que sous le règne du roi Guillaume la procession n'eut pas lieu. Elle sortit de nouveau en 1851; mais les frais considérables qu'entrainait son organisation l'a fait complétement abandonner.

Nous voilà arrivé à la fin de la tâche que nous nous étions imposée. Certes, nous n'avons pas eu la prétention d'analyser sans exceptions tous les renseignements sur l'*Omgang* que renferment les comptes de la commune; les limites nécessairement restreintes de ce volume ne le permettaient pas. Nous nous sommes surtout attaché à grouper les données les plus propres à faire connaître les variations qu'a subi le cortége aux diverses époques de son existence. C'est au lecteur à juger si nous avons réussi dans notre projet.

Le cortége, dont nous venons de raconter l'histoire, exerça une influence salutaire non-seulement au point de vue de la civilisation, mais aussi au point de vue de l'unité nationale. On sait que rien n'était fort comme *l'esprit de clocher* de nos pères. Leur commune était leur territoire, leur patrie était en quelque sorte toute entière dans l'enceinte de leur cité. Qu'ils fussent de Louvain, de Bruxelles, ou d'Anvers, ils étaient Louvanistes, Bruxellois, Anversois avant tout. On trouvait en Belgique pour ainsi dire autant de nationalités diverses qu'il y avait de communes. De là ces rivalités violentes, parfois cruelles, qui divisèrent nos ancêtres et les poussèrent plus d'une fois à se combattre comme des ennemis. En centralisant annuellement les habitants les plus notables de diverses contrées du pays, notre *Omgang* contribua à consolider le lien social, à préparer la réunion de nos vieilles provinces, réunion que nous avons vu se réaliser de nos jours et qui s'est consolidée sous la triple égide de la liberté, de l'ordre et du progrès.

APPENDICES.

I.

Ordonnance par laquelle l'autorité communale oblige les gens des métiers d'accompagner l'Omgang, chacun sous l'emblème de sa corporation respective (6 septembre 1433).

Hoe een yegelyk onder syn Keerse gaen sal inder Processien.

Het es overdragen inder Stat Rade, met vollen gevolge, dat van nu voirtaen, en yegelyc man bynnen der Stat oft vryheit van Loven geseten, van wat ambacht hy sy, als men de processien van onser liever *Vrouwen te Ste Peeters te Loven,* en *vanden heyligen Sacremente,* doen sal, onder syn Keerse sal comen, ten beghinne van der processien en dair mede gaen tot dat de processien wederom te Ste-Peters comen selen, ende datmen der *Smeden Keerse* setten sal inde *Nuwe Strate,* opden hoec vander *Pennincstraten,* en van dair niet voirt gaen voir der tyt dat sy beveel hebben selen voirt te gaen vander ghenen die dair vander stat wegen toe geset selen werden, en als dan sal elc ambacht syn Keerse achter hen stellen, na dat behoirt, ende soe wie des niet en dade, dat hy betalen sal den geswoernen van synen ambachte, tot des ambachts behoef, een quarte rynswyns, het en ware dat hy soe out oft soe siec ware, oft andere kenleke noetsake hadde, dat hy inde processie niet gecomen oft gegaen en consto, welke noetsaken hy eenigen van den geswoerenen van synen ambacht sal doen condigen, eer de processie wt gaet, ende oft de geswoerenen van den ambachten hierinne versamelle waren en de broeken niet inne en hieffen, dat sy verboeren selen elc van hen een gelte rynschswyns totter 's ambachs behoef. Oppendorp absent. September vj, anno xxxiij (1433).

Item desgelyx sal elc man vanden ambachte onder syn Keerse gaen inder processie van Onse Liever Vrouwen *in de Hoelstrate,* op den selven kore.

Voirt es overdragen dat de Processie van Onser Vrouwer *in de Hoelstrate,* die doir de *Vleemynestrate* te gaen plach, voirtaen gaen sal doir de *Munlstrate,* dair de processie van Ste-Mychiels gaet, en dat als dan de goede liede van den ambachten in de *Dorpstrate* gaen selen moeten, tot der bynnenster Poirten toe vander Dorpstraten, endan selen sy moegen omkeren, behoudelic dat hoir Keersen voirtgaen selen daer sy tot nu toe gegaen hebben, opten voirscreven kore. Oppendorp absent. Sept. vj anno xxxiij.

Voyez Groot Gemeyn Boeck B, f° 38.

II.

Fixation du rang et de la séance des corps de métiers dans l'Omgang.

Dat es d'ordinantie also d'ambachten in de Processie sculdich syn te gane.

PRIMO.

Smede. — Mottalen Potghicters. — Ketelmakers. — Metsers. — Tymmerlieden. — Vleeschouwers. — Visschers. — Vetters. — Nuwe Scoenmakers. — Oude Scoenmakers. — Sepliede. — Beckers. — Molders. — Brieders (deze vier lactste onder een gequarteleert). — Boutwerkers. — Cuypers. — Rademakers. — Drayers. — Zeelmakers. — Scrynmakers. — Mandemakers (deze zes laetste een ambacht in de Processie). — Verwers. — Weevers. — Volders. — Tapytwevers. — Linnewevers (deze twee laetste onder een gequarteleert) — Scheerders. — Barbiers. — Burduetwerkers. — Cleerdemakers. — Cousmakers. — Oude Cleerdermakers. — Mersliede. — Techmakers. — Vetwaren. — Tiechgeldeckers. — Stroedeckers. — Fruyteniers. — Cruwageneren. — Wynroepers.

Voyez 't Groot Gemeyn Boeck, f° 39.

III.

Nomination d'Arnold Vander Phaliesen, dit Arnd Meynaerts, à la place de directeur du matériel de l'Omgang, en remplacement de Rombaut Van Berlaer. (13 août 1499).

Na dien by Mynen heere den Cancellier van Brabant Heren Jane van Houtbem, Ridder, enz., sekere hrieven aen dese Stadt geschreven zyn geweest, ten voordeele en recommandatien van ARNDE MEYNAERTS als vande officien *vande Scilderien en onderhouden vander Stadt*

Tubernaculen en anderen personagien totter processien jaerlycx dienende, en des dien aencleeft, welke officie een geheeten ROMBOUT VAN BERLAER een wyle tyts gehadt heeft, hoe wel daer te voeren nochtan 't selve officie Arnde voirscreven gejondt hadde geweest, die t'selve pynde te practizeren, enden voirscreven Arnde te voren te gaene, ende om der selve officien wille Hr Lodewyc Pynnoc, Meyere van Loevenen, oick der Stadt daer omme gebeden heeft, ten vordele des voirscreven Arnts, soe es op heden in vollen Rade van de Stadt, hier op gelet zynde, bevindende genoech dat de voirscreven Rombout den voirscreven Arnde de voirs officie ondergaen hadde, t'selve gejondt ende gegeven den voirsc. Arnde, om dat te gebruycken en t'exerceren als dat behoert van nu voirtane, op de gagien en anderen profyten daerop staende, inder maten zyn vorselen dat gehadt hebben. Ende es in dien de voirscreve Rombout gedestitueert, behalven den selven zyn profyten alsnu op den dach van heden verchenen. Actum coram Temple, Substituto, Buetsele, Burgimag., Borch, Blanckaert, Scab., et pluribus aliis de consilio. Augusti xiii, anno xiiii° xcix°.

Voyez Cleyn Ordonnantie Boeck, f° 93v°.

IV.

Protestation rédigée au nom de Rombout van Berlaer contre la nomination d'Arnold vander Phaliesen dit Aerd in den Meynaert, en qualité de directeur du matériel de l'Omgang (16 août 1499).

, In den name ons heeren Amen. By deesen jegenwoerdigen openbaren instrumente zy kenelyc eenen yegeliken dat, inden jaere desselfs ons heeren duysent vier hondert ende negenennegentich, opten sestiensten dach vander Oegstmaent, inder tweester indictien des Pausdoms ons alderheylichste vaders in gode ende heeren, heeren Alexanders de seste, Paus van dien name, in synen achsten jare, in tegenwoirdicheyd myns openbaers notarys ende getuygen hier onder ende nae genoempt, syn ghestaen in properen persoen die Eerbaer mannen ROMBOUT VAN BELLAER, *meester vander schilderien der Stadt van Lovenen*, met Janne van Thienen, synen zweer, te Lovenen, inder *Raidcameren* derselver Stadt, in presentien Wouters vanden Tympele, als substituyt van heeren Jannen Pynock, opperborgemeesters, ende Jan van Butsele, onderborgemeestere, ende anderen wethouderen ende Raidsheeren der voerscreven Stadt; Jacoppen de Witte, Joes Caverson, Jan Roesmeer, Jan in den Aer, Jan Halleman, Christiaen de Legwerkere, Geert Zeels, Goert vanden Berghe en Henrics Hankaert, secretaris, aldaer die voerscreven Rombout presenteerde ende exhibeerde twee geslolen brieven ons genedigen Heeren, comende vuyt zynen Raide van Brabant, inhoudenden, in substantien, dat sy den selven Rombouten houden ende meynteneren zouden oft doen houden ende meynteneren in de *officie oft meestercap der voerscreven Schilderien*, die hy alsdoen loffeliken ende wel bedient ende geposideert hadde, omtrent de drien jaren geleden, seggende tot dien hoe dat nu, zeer onlancx geleden, die voirscreven heeren Jan Pynock, opperborgemeester der voirscreven Stad, hem ontboden hadde voir den voirscreven gemeynen Raed der selver Stad, ende aldair belast om te werken aengaende der voirscreven Schilderien onde alle dingben, teghen de toecomende Kermisse gereet te maken, alsoe by oic tot noch gewracht hadde ende alle daghe wrochte. Ende dat hy daer en boven verstaen hadde, dwelc hem verwonderde, dat zy eenen anderen willen stellen in syne voirscreven officie, geheeten ARNT INDEN MEYNAERT, sonder die voirscreven zyne officie mesdient te hebben, oft hem dair op gehoirt oft daer vuyt gewonnen te zyne met rechte oft andersins, dwelc hy sustineerde alsoe nyet te behoeren, dat oic noyt gesien en was ende dat soude zyn een quade consequencie voir allen anderen officieren der voirscreven Stad van Loevenen, begerende daer omme als voer in syne voirscreven officie, navolgende des voirscreven ons genedigs Heeren brieven, gehouden ende gemeynteneert te bl, ven. Daer op den voirscreven Borgemeesteren ende Raidsheeren deden aldair antwoerden dat de voirscreven heere Jan Pynock, hueren opper Borgemeester, als hier ooc absent was, ende alsoe en willen sy hier nyet afdoen noch antwoerde geven hy en waer comen; daer op die voirscreven Rombout repliccerende, dede zeggen dat zy 'tgene datter gedaen was van zynder voirscreven ende dien voirscreven Aerden inden Meynaert, gedaen hadden sonder den voirscreven hueren opper Borgemeester en sonder eenlghe zake ofte kennesse te nemen oft hem hier op gehoirt te zyne, boven dat nochtans die voirscreven Jan van Butsele, burgemeestere, alsoe Rombout seyde, bekende hem gelooft hadde, aengaende desen niet te doen, voer dat by in rechte geloiert soude zyn, inden voirscreven Raide ende gemeyne Stad, protesteren mids desen ende meer anderen redenen in tyden en wylen nader te verclaren vanden injurien, onrechte, belette en scaden die hem in desen gedaen es oft gedaen soude moeghen worden, in eenigher manieren, ende van allen scaden, costen ende interesten die hy hier omme geleden ende gehadt heeft, ende noch soude mogen lyden tegen den voirscreven Aerde en allen anderen die hem hier inne belet gedaen hebben oft zullen doen, in tyden toecomenden, daer en soe dat behoeren sal; ende dit mynen voirscreven genedigen Heeren hem te kennen gevende. Daernae heeft die voirscreven Rombout noch te kennen gegeven hoe dat geweest hadden tot zynen huyse, hem absent zynde, Symon Rellens, vostere, ende Joes Paysmans, dienaer der voirscreven Stad, en hadden vuyt zynen huyse gehaelt, faeyteliken, de scloetelen vander *Hallen der voirscreven Schilderien*, staenden op de *Veemerckt*, ende de scloetelen vanden Kisten inder selver *Hallen* zynde, tegen den danck ende wille van hem en zynre huysvrouwe, daer in huys synde. Daer aff dat zy expresseliken protesteerde, in toecomenden tyden, onsen voirscreven genedigen Heere ende andersints, daer en soe dat behoeren soude, te clagen ende te kennen te geven, seggende voirts dat hier by en over geroepen waren, daer deese sclotele aldus vuyt zynen voirscreven huyse gehaelt waren, als getuygen, die eerbaer mannen Peeter de Becker, schrynmaker, ende Wouter van Ermbegeem, cousmaker, ingesetene poirteren der voirscrevenen Stad van Loven, die welke Peter en Wouter alhier, in tegenwoordicheyd myns voirscreven openbaers Notaris ende getuygen hier ondergeschreven, zeyden ende vercleerden dat alsoe geschiet es geweest, presenteerende dair by eedt te houdene ende te vercleren soe wanneer zy daer toe met rechte versocht zullen zyn. Hier waren by ende over geroepen, aengaende desen vercleren, als getuygen, de eerbaer mannen Johannes de Commere, van Gend, cleerck, Jan de Beckere en Merten Dielis, ingesetenen poirteren der voirscreven Stad van Lovene, vuyten bisdomme van Dornicke ende van Luydicke, hier toe geroepen sonderlinge ende gebeden. Boven allen desen soe heeft de voirscreven Rombout, opten drientwintichsten dach der voirscreven oistmaent, noch den voirscreven Burgemeesteren ende Raide der voirscreve Stad doen presenteren, by Henricke Vekenstyl, bode ons voirscreven genedigsta Heeren in Brabant geordineert, andere gescloetene brieven desselfs ons genedigsten Heeren met zynder hant geteekent, inhoudende die genoech als voer dat zy den selven Rombout souden houden in zyne voirscreven possessie vander voirscreven Scilderien, dese al niettegenstaende soe hebben die voirscreven Wethouderen den voirscreven Romboute vander voirscreven officie ende proffecien gespolieert, oft ten minsten laten spolieren byden voirscreven Aerde inden Meynaert daer af by Rombout ende allen den genen dat voirscreven staet expresselyc protesteerde in tyden en wylen te recupereren, daer ende soe dat behoeren sal, van welke allen dinghen inder manieren voirscreven ende in diversche tyden geschiet synde, die voirscreven Rombout begheerde, van my openbaer Notaris gemaect te hebben een oft meer openbaer instrumenten inder besten formen dat geschieden zoude moghen, ten hysyne der voirscreven getuygen, in standen, ten jaere plaetsen ende dagen voirscreven.

Signée : REYNIER DE MOL.

L'original sur parchemin répose aux archives de la ville.
Armoire aux Chartes, lit. S., n° 9.

V.

Les appointements de Jean van Rillaert, directeur du matériel de l'Omgang, sont portés à 24 florins royaux (28 juin 1553).

Nae dien den Rade der Stadt van Loeven, by supplicatien, te kynnen gegeven es, van wegen JANS VAN RILLAER, *Schilder* van dese Stadt, dat hy heeft dry jaren, te weten inden jaere vyftich, eenen vyftich en twee en vyftich gewracht inder *Stadt Halle*, telcken zesse weken voer Loven-Kermisse, sonder ophouden, om te oversien alle datter nootelyck zyn mochte, en 'tselve alsoe te versien en te repareren datter gheen confuys oft pericule aff en soude gebueren, en dat hy daeraff, bynnen den selven dry jaren nyet en heeft gehadt, voer zynen dachueren, by dien de Rintmeesteren hem badden geantweert dat hy 'tselve waere schuldich geweest van doen op zyne gaigye, die hy hebbende was, dwelck hem onder correctien van dien heeren dochte onredelyck te wesen, want opde selve gaigien hadde by meermalen 'slaers alle de babylen moeten verlochten, cloppen en vervyeren, op dat zy nyet en soude verderven van den schieters oft motten, waermede wel verstreken werdde meer dan een maendt tyts, en dat hy daerenboven moet noch ontleenen, acht dagen voer Loven-Kermisse, en hy wylen bueren, zekere babylen als cappen, epistelrocken, stolen, alben en dwelen en dlynwaert, van dien wederomme doen wasschen en suyveren tot zynen coste en pericule van dien verliesen, ende voert noch vierthien daghen nae de Kermisse onledich zyn met de wagenen l'ontcleden en te suyvren vanden onrynicheyt en metter wynden elck op huere plaetse stellen, waermede hy grootelyck belast waere, gemerct voer de Kermisse waer zynen meesten tyt gelegen om anderssints proffyt te moegen doen, dat hy nyet en can noch en mach gedaen, mits den laste voerscreven, soe dat hy jaerlyx meer dan een vierendeel jaers oft viertien weken ware om nyet en met cleynen proffyte der Stadt dienare, versuekende alsoe daerop ooge en consideratie genomen te werdden, en hem zekere dachueren dien tyt van dien zesse weken durende jaerlycx te ordineren, es byden Rade der voirsc. Stadt, yerst hierop gesproken, en avys genomen vande Rintmeesteren der selver Stadt, en op al behoerlyc geledt, overdragen ende geaccordeert, dat men den selven JANNE, voer zyn intrest, van des voirs es, sal geven van nu voertanen jaerlycs, in zyn gaegien, vierentwintich regi vuyten gemeynen goeden van der Stadt, duerende totten wederroepen van der selver Stadt, behalve dat hy hem oick ter Stadt weerts daeraff quyten sal soe zynen voersaeten hebben gedaen en behoert. Aldus overdragen en gedaen byden vollen Rade der Stadt van Loevene, en gelast my Jeronimo EDELHEERE, deser Stadt secretaris, ter bewaernissen van der selven, hieraff acte te maken en te geven, op den achten twintichsten dach juny, anno xv° dryenvyftich.

Voyez Ms. n° 88, f° 234.

VI.

Résolution du Conseil communal sur l'ordre à observer dans la marche des antorités dans l'Omgang, etc. (28 août 1586).

Hoe die ordine wort gheobserveert in de Processie.

Na dien dat byden Raide vander Stadt syn geweest de Guldekenen gemeynlyc gevende te kennen hoe dat, na oude costuymen ende onderhouden in de selve Gulde, als een let vander Stat, altyt in de generaele Processie alhier geplogen hadde te gane ende huer plaitse te hebbene, terstont ende sonder nadeel voer de Stat, ende de Stat achter hen, als wel betaempde, te wetene den Raidt, Schepenen, Secretaryse, Rentmeesters, Gezwoerenen, Clercken vanden Register ende de Boden vanden oversten Clcedo alleene, sonder meer, voer dewelcke sy hen plaitse terstont altyt genomen hadden, daerinne zy bevonden, dat eenighe andere personen, die nochtans van ogheene bezonderen eedt en waren van den Raide oft Collegie der selver Stadt, hen mede adjungeerden, dwelck hen dochte alzoo nyet beholren, begerende in hueren ouden rechten ende usaigen in desen gehouden te worddden, niet dat zyt versochten om huers persoens wille anders dan om de seive Gulde in eeren te houden, ende haer ouden-wesen in dien, is overdragen byden Raide voirschreven, op 't versueck der selver Gulde geledt hebbende, dat die selve personen die hen mede adjungeren metter Stat als let oft van den eede der selver, te weten de twee Jongers nu opt Register scrivende, Henricus vanden Speelboven, der Stadt gezworen meesters, de Wisseleer ten tyde wesende, ende andere die vander Collegien ende specialen eede vander Stat nyet en syn, de selve Dekenen ende Gulde preceeren sullen, ende dat de selve Dekenen ende Gulde hen volghen sal nader onder costumen, ende daernae de stat, ende die van oudts in desen metter selver stat als overste let geplogen hebben te gane, sonder eenich ander middel tusschen de Stat ende de voirscreve Dekene te syne. Actum in pleno consilio, xxviij augusti anno lxxxvj (1586).

Item is voirt overdragen byden selven Raide, want de Gezworenen vanden Geslechte, Schepenen ende andere vanden Raide, ende oic de Guldekenen gemeynlyck hen moeten quyten in 't volgen ende medegaen der selver processien ende meer andere moytenissen ende vacatien hadden vander Stat wegen, daeraff zy luttel oft eghene recompensien en hadden, anders dan in 't laken dwelck de selve Stat jaerlycx geven mach den Gezworenen, gemeynlyc voer alle de moytenissen, die sy bynnen den jaere hebben moeghen, ende eenige van de dieners, te weten de Secretarisse van den ouden tyden versien waeren van eender ghellen wyns, vander Stat gemeynen goeden, opten selven processidach, ende de andere voirscreve leden niet, dat van nu voirtane de selve Wethouders, Sepenen, Gezworenen, Dekenen ende heur Clerck ende elck van hen 't selve recht van eender ghelte wyns hebben sullen opten selven processie dach, in septembri jaerlyck, sonder meer, gelyc de Secretarisse van ouden tyden alsdan gehadt moeghen hebben, van de gemeynen gooden der Stat. Gedaen in den vollen Raide, ten dage ende tyde voirscreven.

Voyez *Het Ordinantie Boeck*, liber x, inventarii 3, n° 44, ff. 2—3.

VII.

Publication de la Kermesse de Louvain (août 1587).

Opdat die toecomende feeste van *Onser Liever Vrouwen* in goede reputatie ende te bat geviert ende geëert soude worddeen, soe is by den heere ende stadt, naer deliberatie daerop genomen, overdragen, dat een yegelyck, wy by zy, van buyten of binnen deser Stadt van Loeven en vryheyt der zelver, wordt gegeven ende sal hebben vry geleydde, ende dat acht dagen voer ende acht dagen naer den feestdach van der voerschreve processien eude *Loven Kermis* dach, ende zullen dese vyftbien dagen in alle zaecken zoe vry zyn, gelyk ende als den vryen Maendach is ende gehouden wordt, vuytgescheyden allen den ghenen die gebannen zyn buyten den lande van Brabant ende vuyt deser stadt, ende voirts allen den ghenen die criminelyck ende immoreelyck gedelinqueert hebben oft oepenbare vianden zynder Majesteyt zyn. Ende die, ter causen vanden voirleden troubelen, vervallen zyn inde penen van de placcaten daerop gepubliceert ende daervan gheen beboirlyck remis en hebben oft anderssints behoirlyck gereconcilieert en zyn, oyck geexcepteert alle die ghene die eenige professie zyn doende van audere religien dan byde Roomsche cathoycke Kercke en is geapprobeert ende wordt geuseert, gelyck oyck onder de selve vrydicheyt nyet verstaen en wordde gecompreneert te zyne den ghenen die gehouden zyn in eenige taechterheyden van 's Princen penningen oft schulden, hierinne voirts versien dat d'ingesetenen binnen desen tyde 't recht op malcanderen zullen mogen volgen van eten, drinken, van pyn, arbeyt ende dyergelycke, ende oft hen yemant binnen den selven tyde misgrepe oft yet schuldich wordde dat hy daeraff ende dese nyettegenstaende zal staen ter correctien en gepunnert worden, na de merite, ende voer zulcx mogen vervolgt worddeen.

Wordt voirts een yegelyck bevolen de Straten tegen zynen huysen ende erven, daer de processie lyden ende voerby gaen zal. te reynigen ende cuysschen ende alle mesthopen, grays ende vuylicheyt van daer doen, op de pene daer toe staende, en van oudts gestatueert.

Voyez Het boeck metter A., nᵘ 42, fᵒ 109ᵛᵒ.

VIII.

Description de l'Omgang de Louvain par Gᵐᵉ Boonen (1594).

Ordonnantie van de heerlycke en excellente Processie vande Kermisse der stadt van Loeven, die ghehouden wordt op den 1ᵉⁿ Sondach in Septembri, alswanneer men het belt van Onser Liever Vrouwen es omme dragende, met specificatie hoe die Ambachten malcanderen vervolghen, met hunne keerssen, ende ook allen de historien, waeghenen, kemels ende andere figueren die hier figuerlyck al syn volgende, geordonneert int jaer ons Heeren duysent vier hondert ende neghentich.

DIE AMBACHTEN ENDE IERST :

1 die Smeden. — 2 die Metsers. — 3 die Timmerlieden. — 4 die Vleeschouwers. — 5 die Vischers. — 6 die Vetters. — 7 die Schoenmackers. — 8 die Oude Schoenmakers. — 9 die Molders. — 10 die Backers. — 11 die Brieders oft Brouwers. — 12 die Bontwerckers. — 13 die Cuypers. — 14 die Blauverwers. — 15 't groot Ambacht[1]. — 16 die Volders. — 17 die Lynewevers. — 18 die Leghwerckers. — 19 die Droochscheerders. — 20 die Cleermaeckers. — 21 die Cousmaeckers. — 22 die Oude Cleercoopers. — 23 die Cruydeniers. — 24 die Teschmakers. — 25 die Vettewaeriers. — 26 die Ticheldeckers. — 27 die Stroodeckers oft Pleckers. — 28 die Fruyteniers. — 29 die Barbiers.

Die Duyvel met Sinte Machiel.

Den Waeghen representerende het eerts[2] Paradys.

> Adam als den wederspanninghen wordt verjaeght,
> Vuijt dat lustich Paradijs, vol soeticheden.
> Om dat hy nae Godts gebot niet en heeft gevraeght,
> Dus moet hij sijnen tijt in arbeijt bestelen,
> Die te voren wandelde in grooter vreden.

Hier daer volghen de xxxiiij historien vande weerdighe vrouwen, in ordonnantie gelyk sij in de Processie gaen, met bediedenisse vande selve, ende wie die behoort vuyt te stellen.

DIE IERSTE FIGUERE. — DIE VLEESCHOUWERS.

SARA sal sitten, als een eerbaer oude vrouwe, wel verchiert opde oude maniere, hebbende in hare slincke hant drije schoon wittebrooden, ende in baer rechte hant desen rol : *Ego dedi ancillam meam in sivum tuum, que videns, quod conceperit despectui me habet.* (Ick hebbe myn maerte gegeven in uwen schoot, de welcke siende dat zij bevrucht was, heeft mij veracht ende versmaet). Ende by baer sal gaen ABRAHAM, hebbende in sijn rechte hant een swert, ende inde lincke hant desen rol : *Ecce ancila tua, in manu tua est utere ea ut libet.* (Siet uwe maerte es in uwen handen, doet daermede zoo u belieft). Op sijn rechte syde sal gaen ISAAC, syn sone, hebbende eenen bondel bondts op syn schoudere ; achter Abraham ende Isaac sullen comen twee enechten als dienaeren, leijdende eenen Esel gesadelt ende bereet om te rijdene, sonder iemant daerop te sittene. Voor Sara sal gaen een Egiptenersse gebeeten AGAR,

---

[1] Het groot Ambacht was samengesteld uit : *Schrynwerkers, Rademakers, Stoeldraeijers, Zeeldraeijers en Potbakkers.*

[2] *Eerts*, aertsch.

hebbende op haren hals broot geladen ende waeter, ende in baer rechte hant desen rolle : *A facie Sarae domine mee ego fugio.* (Ick vlie wech van d'aensicht van mijnder vrouwen). Ende op haer rechter sijde sal gaen eenen Ingel hebbende desen rolle : *Revertere ad dominam tuam et humiliare sub manibus illius.* (Keert weder tot uwer vrouwen, ende verootmoedicht u onder haer handen). Op die slincke syde sal gaen ISMAHEL. *Genesis, xvj.*

DIE TWEEDE FIGUERE. — DIE MEERSLIEDEN.

REBECCA sal sitten op eenen kemele als een schoon jonghe maegt, verchiert met maeghdelycken habyte, hebbende in haer ooren gulde bellekens, ende in haer aermen gulde plaeten als breede schenen, ende sal hebben een steijnen cruijke met waetere op haeren aerm, genegen of daer iemant vuyt drincke soude. Ende eenen rol in die hant met dese schrifte : *bibe domine mi* (drinkt myn Heere). Ende by haer sal gaen opde syde daer die cruyke genegen es, een eerbaer bode met eender bussen op synen boesem gheeteen ELIEZER, PROCURATOR DOMUS ABRAHE. (Eliezer, procureur des huys van Abraham) reyckende naer die cruycke, ende segghende : *Pauxillum aque michi ad bibendum prebe ex hydria tua* (Gheeft my een weynich waeters om te drinken vuyt uwer cruyken). Achter desen bode sullen gaen iij oft iiij knapen geleerst ende ghespoort. Ende achter Rebecca een oude eerbare vrouwe *Nutrix Rebecce* (die voester van Rebecca) met iij oft iiij meyskens achter haer draegende silvere potten, schaelen, croesen ende andere juweelen die Rebecca gegeven waeren voor haren bruytschat. *Genesis, xxiiij.*

DIE DERDE FIGUERE. — DIE CLEERMAECKERS.

LYA sal sitten als een leelyke vrouwe, met leepen-oogen, nochtans wel verchiert synde, ende sal hebben in haer hant vruchten geheeten meloenen, want sy om die vruchten verereech aen haer suster Rachel Jacob baeren man, eenen nacht. Ende dese sal hebben achter haer gaende vj sonen paer ende paer RUBEN, SIMEON, LEVI, JUDAS, ISACHAR, ZABULON, ende een dochter alleen geheeten DINA. Achter dese kinderen sal comen een maerte gracelyck verciert geheeten ZELPHA, ende dese maerte sal hebben in elcke hant een knechtken GAD ende AZER; want dese ij kinderen hadde ZELPHA van Jacob. *Genesis, xxx.*

DIE VIERDE FIGUERE. — DIE SCHOENMAECKERS.

RACHEL, die huysvrouwe van Jacob, sal een vuytnemende schoone vrouwe syn, ende wel verchiert, hebbende in haer handen eenen afgodt, want sy LABAN, haren vader, zynen afgod stal, ende sal hebben achter haer gaende twee sonen geheeten JOSEPH ende BENJAMIN. Achter haer sal ook comen een maerte geheeten BALA hebbende ij sonen aen haer handen DAN ende NEPTALIM. *Genesis, xxxi.*

DIE VYFSTE FIGUERE. — DIE VLEESCHOUWERS VOER TWEEDE.

THAMAR, die huysvrouwe was van Judas sone, sal sitten als een ledighe vrouwe in eenen lynen kydele, verchiert op die wilde maniere, hebbende in haer hant te dweers eenen properen staff als daer eerbaer oude lieden op rusten, daer in sal hangen eenen rinck van goude ende een gulden plaete, om aen den aerm te doen, als een schene, een pallem breet synde. Ende achter baer sal comen een schepere, met eenen hamele op synen hals, hebbende voor zyn hooft gescreven : *Pastor Jude* (die schaepherder van Juda.) Ende eenen rolle in syn hant : *Ubi est mulier que sedebat in bivio.* (Waer is die vrouwe die sat opden cruysweeh) Achter oft by desen herdere sullen gaen v oft vj dorplieden mans ende vrouwen, ende sullen hebben dezen rolle : *Non fuit in loco isto meretrix* (Op dese plaetse en heeft gheen ledighe vrouwe geweest). *Genesis, xxxviij.*

DIE SESTE FIGUERE. — DIE COUSMAECKERS.

ASSENES, die huysvrouwe van Joseph, sal sitten als eene groote Jouffrouwe, nae die Egiptenaers maniere, costelyck verchiert, ende achter sullen comen twee kinderen geheeten MANASSES EN EFFRAIM. Achter dese moeghen comen iij oft vier dienstvrouwen in egiptenersche habyte. *Genesis, xlj.*

DIE SEVENSTE FIGUERE. — DIE TICHELDECKERS.

MARIA, die suster van Moyses, een prophetesse, sal sitten verchiert als een eerbaer oude vrouwe, nae die juetsche maniere, hebbende in haer slincke hant den tamboryne, ende in die ander hant een stoexken slaende daermede op de tamboeryne, en sy sal singhen desen sanck : *Cantemus domino gloriose enim magnificatus est, equum et ascensorem ejus dejecit in mare.* (Laet ons onsen heere loven met sanghe, want met glorie heeft verthoont dat hy groot ende machtich es, aengesien dat hyt peert ende den opsittere heeft geworpen in die zee). Ende dit salmen singen inden thoon *in exitu Israel de Egypto.* Ende achter haer sullen comen veel vrouwen met juetsche habyte, als pelgerinnen, hebbende ook elck een tamboryne ende een stoexken, als vore van Maria gesegt es, en sullen desen selven sanck naer singen, ende slaen op die tamboryne, als Maria vuyt heeft. *Exodi, xv.*

DIE ACHTSTE FIGUERE. — DIE VISSCHERS.

THERBIS, dochtere vanden Couinck vande Mooren. die huysvrouwe was van Moyses. dese sal sitten als een moorinne, swert gemaeckt. verchiert seer costelyck als een Conincx dochtere op die heydensche maniere, hebbende eene croone op haer hooft, ende sal hebben in haer hant eenen rinck met eenen steene daer een belt oft aenschyn inne staen sal, want dit was den rinck des vergetenisse die haer Moyses, haeren man, gaff, om dat sy synder vergeten soude. Achter haer sullen comen mooren en moorinnen als dienaeren ende dienaerresen. *Ecclesiastica historia super Exodum.*

DIE NEGHENSTE FIGUERE. — DIE BARBIERS.

SEPHORA, die huysvrouwe van Moyses, zal verchiert zyn als een heydensche vrouwe, hebbende voor haer op een cussen liggende een jonck kint naeckt, dwelck sy met een schere oft steen besnyden sal, ende by haer sal gaen een Ingele, met eenen blooten sweerde, ende aent hooft van den kinde sal geschreven staen : *Eliezer.* Ende achter haer sal gaen oft comen MOYSES, hebbende een roede ende die taefel vande x geboden in zyn handen. Ende by hem sal gaen een kint aen zyn syde geheeten GERSON. Achter dese moeghen comen iiij oft v kinderen. *Exodi, iiij.*

DIE TRIENSTE FIGUERE. — DIE BACKERS.

Rahab, die huysvrouwe van Salomon, dese sale sitten gehabitueert als een ledighe vrouwe, costelyck toegemaeckt, hebbende in haer hant een strenge sydens oft gaerens oft een roode coorde. Ende in de ander hant een bondel werex vuyt den vlasse gehekelt, ende voer haer sullen gaen ij mans met juetschen habyte als bespieders des lants, hebbende op eenen palstre liggende oft hangende desen rol : *Exploratores Jherico*, (die bespieders vande stadt van Jerico). Achter haer sullen comen gewapende lieden, ende die principaelste sal hebben desen rol : *Educ viros qui venerunt ad te exploratores quippe sunt*. (Brenght ons die lieden buyten die tot u comen syn, want het syn bespieders). Ende Raal sal eenen rol tot haer vuytrecken : *cum porta clauderetur in tenebris et illi pariter exierunt*. (Doen men die poorte van de Stadt sloot met dijen gingen sy mede buyten de poorte). *Josue, ij.*

DIE ELFSTE FIGUERE. — DIE VETTEWAERIERS.

Axa, die dochter van Caleb, sal sitten op eenen Ezele verchiert als een schoon jonge maegbt, hebbende in haer handen een fonteyne loopende van waetere met desen rolle : *Terram australem et arentem dedisti michi junge et irriguam*. (Ghy hebt my gegeven drooge aerde, vueght my nu toe vette aerde). Ende by haer sal gaen een out eerbaer man met witten haere ende baerde wel gecleet heetende Caleb *pater Axæ*. (Caleb die vader van Axa). En achter haer sal comen een jonckman gewapent genoempt Otroniel *maritus Axæ* (Othoniel die man van Axa) hebbende ij cnapen achter hem gaende. *Josue, xv.*

DIE XIJ FIGUERE. — 'T GROOT AMBACHT.

Delbora oft Debora, een prophetersse, die huysvrouwe van Lapidoth, sal sitten, als een eerbaer oude vrouwe met een cappe gelyck de meesters in arten hebben[1], in die een hant hebbende eenen boeck ende in die ander hant eenen scepter; van achter over den sadele over haer hooft sal comen eenen pallemboom, want sy onder den boom van palmen te recht sat. Ende achter haer sullen comen weduwen, weesen oude andere aerm persoonen, supplication hebbende in hare handen, die sy Deboram sullen presenteren, ende somtyds sal zy aenveerden die supplicatien, ende die met eenen brille lesen, en dan wederomme geven, wysende metten hooffde dat zy hen recht sal doen, ende dese lieden sullen hebben dese rollen : *Vidue* (weduwen) *Orphani* (weezen) *Miserabiles persone* (schamel persoonen). *Judicum, iiij.*

DIE XIIJ FIGUERE. — DIE SMEDEN.

Janel, die huysvrouwe van Haber, sal sitten als een eerbare vrouwe, hebbende in die een hant eenen grooten nagele ende in die ander hant eenen hamere aen welcke hant sal desen rol hangen : *Veni et ostendam tibi virum quem queris*. (Compt ende ik zal u wysen den man die ghy soeckt). Ende by haer sal gaen een groot capiteyn ende man van waepenen vliedende van den stryt, wijens[2] wapene sullen som zyn affgehouden ende gevallen, wijens naem es *Sisara*, ende sal bloot hoofts zyn, hebbende aen den eenen slaep van zynen hooffde thooft van eenen naeghele en op dander syde de poincte van den nagele, recht oft hy door dat hooft ginge, ende dat bloet allomme daer vuyt rysende oft loopende. Achter haer zal comen een heerlyck man van wapenen, met knechten achter hem, ghenoempt Barac. *Judicum, iiij.*

DIE XIIIJ FIGUERE. — DIE MOLDERS.

Dese vrouwe van de stadt van Tubbes sal eerbaerlyck gecleet zyn, hebbende in haer hant een stuck van eenen molensteen, ende by haer gaende een coninck genompt Abimelech, *rex Sichem*. (Abimelech, coninck van Sichem). Ende sal hebben op synen hellem een stuk van eenen molensteen, ende bloet loopende in syn aenschyn ende in synen hals, ende by den coninck sal gaen syn aertchier met eenen blooten sweerde stekende somwylen nae die kele van den coninck, en die coninck sal hebben desen rol sprekende totten aertchier : *Evagina gladium tuum et percute me, ne forte dicatur quod a femina interfectus sum* (Treckt u swert vuyt en doodet my, opdat men niet en segge dat ick van eender vrouwen waer doot geworpen). Ende dese aertchier sal voor hem hebben desen rol : *Armiger regis*. (Aertchier vanden Coninck) ende achter den Coninck sal comen syn pagie met eenen hellem en hactse en daernae syn volck van wapenen. *Judicum, ix.*

DIE XVᵉ FIGUERE. — DIE OUDE SCHOENMAECKERS.

Die huisvrouwe van Manue, moeder van Sampsom, zal eerlyck gehabitueert zyn, ende sy sal in haer hant hebben desen rol : *Vir dei venit ad me, habens vultum angelicum terribilis nimis*. (De man Godis es tot my gecomen, zeer verwaerlyck synde hebbende een aenschyn van eenen ingele.) Ende by haer sal gaen eenen ingele hebbende desen rol : *Sterilis es, et absque liberis, sed concipies et paries filium*. (Ghy syt onvruchtbaer ende sonder kinderen, maer ghy sult ontfangen ende baeren eenen sone). Op die ander syde sal gaen een eerbaer man geheeten Manue die sal hebben desen rol : *Tu es qui locutus es mulieri*, (syt ghy die geene die myn huysvrouwe gesproken hebt) oft desen rol : *Quando sermo tuus fuerit completus, quid vis ut faciat puer*. (Als u woorden zullen volbracht syn, wat sal u believen dat het kint daer doen sal). *Judicum, xiij.*

DIE XVJᵉ FIGUERE. — DIE LYNEWEVERS.

Noemi, achtergelaeten weduwe van Elimelech. Dese sal sitten als eene droeve weduwe, schreydende ende haer mesmoedelyck hebbende, met desen rol in baer hant : *Ne vocetis me Noemi i pulchram, sed vocate me Mara i amarum quia amaritudine valde me replevit omnipotens*. (En heet my niet Noemi, dat es geseyt schoone, maer heet my Mara, dat is geseyt bittere, want Godt almachtich heeft my seer met bitterheyt vervult). Ende achter haer sullen ghaen vele vrouwen ghechiert als jouffrouwen, ambachts vrouwen ende dienstboden, al gecleet nae Juetsche maniere, hebbende dezen rol : *hec est illa Noemi* (dit es die schoone). *Ruth, i.*

---

[1] De meesters in de arten of *doctores in artibus* by de Hoogeschool van Leuven.
[2] Wiens wapenen.

DIE XVIJ FIGUERE. — DIE STROODECKERS.

Ruth, vuyt dat Coninckryck van Moal, sal sitten als eene vrouwe die oochsten gaet, met eenen kyele ende eenen strooden hoet, ende zal hebben zangelen van gheoochten gheerste ende in haer hant desen rol : *Unde michi hoc ut invenirem gratiam ante oculos tuos, et nosce me dignareris peregrinam mulierem.* (Van waer compt my dit, dat ick gratie vonden hebbe voer u oogen, ende dat ghy u verneert te kennen een pelgrineerse). Achter haer sal comen een eerbaer man, geheeten Booz, ende zal hebben in zyn hant desen rol : *Audi filia ne vadas in alterum agrum, ad colligendum ne recedas ab hoc loco sed jungere puellis meis.* (Hoort dochtere en gaet niet in eenen anderen acker oochsten, noch en gaet niet van deser plecken, maer schickt u by myn meyskens). Ende achter hem sullen comen pickers, met seysenen, hebbende voor hen desen rol : *Messores Booz*, (Mayers van Booz). Ende daernae oochterssen met sangelen van coren ende geerste, hebbende desen rol : *Puelle Booz* (die meyskens van Booz). *Ruth, ij.*

DIE XVIIJ FIGUERE — DIE OUDECLEERCOOPERS.

Anna, moeder van Samuel. Dese sal sitten als een eerbaer vrouwe staetelyck verchiert, maer sy sal droeve zyn en schreyden, siende naerden hemel, met dese rol : *Domine exercituum si dederis serve tue sexum virilem dabo eum domino.* (Heere der schaere, waert dat saecke dat ghy u dienstmaerte ghaeft een mannelycke oore, ick zal hem den heere opofferen). Ende by haer sal gaen een quaet wyff geheeten Phenema, die haer verwyten sal haer onvruchtbaerheyt : seggende : *Dominus conclusit vulvam tuam* (Godt heeft uwen brayck toegesloten). Dese Phenema sal hebben veel kinderen by haer met offerande van schaepen in hen banden. Achter Anna sal comen een eerbaer man geheeten Helcana ende sal Annam troosten, seggende : *Numquid non ego melior sum quam decem filii.* (En ben ick u niet beter dan x soenen). *4 Regum.*

DIE XIX FIGUERE. — DIE BONTWERCKERS.

Michol, die dochter van Saul, den Coninck, sal sitten verchiert als een Coninginne met eene croone opt hooft, op die juetsche maniere, ende sal hebben eenen gevulden man, syn hooft gedeckt met een geyten vel, liggende op haeren schoot, met desen rol : *Quia ipse locutus est mihi dicens, dimitte me, alioquin interficiam te.* (Want hy sprack tot my laet my gaen oft anders ick zal u doot smyten). En achter haer sal comen een Coninck genoemt Saul, met synen pagie achter hen, welcke Coninck sal seggen : *Quare sic illusisti mihi et dimisisti inimicum meum ut fugeret.* (Waeromme hebt ghy met my gespot, ende hebt mynen vyant laeten loopen). By desen Coninck sal gaen een man van waepenen als een Meyere, hebbende achter hem volck van wapenen als enechten en dienaers oft vaugers, ende dese sullen hebben op een haetse : *Apparitores Saul.* (Sauls dienstenechten) die bereet waeren om al te doene wat by hen bevelen soude. *Regum, xix.*

DIE XX FIGUERE — DIE HUYVETTERS.

Abigail, die huysvrouwe van Nabal, sal sitten als een staetelycke vrouwe wel costelyck verchiert, op eene muyl, hebbende in haer hant desen rol : *Precedite me et ecce ego post tergum sequar vos.* (Gaet voer ende siet ick sal u lieden achter rugge volgen). Ende voer haer zullen gaen iij oft iiij ezelen oft muylen, met bellen in den hals, gelaeden met broode, v gecochte hamels, ij vaetkens met wyne, v maten brypappe, c corven rosynen, ende ij c clonten vyghen. Ende achter haer sullen comen v jongbe dienstjouffrouwen, d'een met een brootsuyckers, d'ander met eenen pot groenen gingbeer, die derde cruyt, geleye en 4 pot met sucaden, die vierde een lac met tregien, die vᵉ eenen corff met appelen van granaden oft oraengien, enz. *Regum, xxv.*

DIE XXJᵉ FIGUERE. — DIE VERWERS.

Een vrouwe van Thecca. Dese sal sitten in swerte rouwe cleederen, als een die zeer droeve es ende rouw draeget, ende sal hebben desen rol : *Omnes morimur, et quasi aqua dilabimur in terram.* (Wy storven allegaeder, ende gelyck waeter vallen wy in de aerde). Ende achter haer sal comen een groot capiteyn ongewapent, geheeten *Joab*, hebbende in zyn hant desen rol : *Lugere te simula, et induere veste lugubri, et ne vngaris oleo, ut sis quasi mulier, plurimo tempore lugens.* (Hebt u of ghy droeff waert ende doet aen rouw cleederen, alleleens oft ghy waert één vrouwe die lange beschreyden hadde eenen doodon). Ende achter desen capiteyn sal comen syn familie. *Regum, xxxij.*

DIE XXIJ FIGUERE. — DIE BRIEDERS OFT BROUWERS.

Eene vrouwe van Abela. Dese vrouwe sal sitten als een tamelycke persoone, gracelyck verchiert, hebbende in haer hant desen rol : *Quare precipitas hereditatem domini.* (Waeromme haeste ghy u om neder te worpen die erve van den heere). Ende achter haer sal comen een groot capiteyn van oorloghe gewaepent, geheeten Joab, hebbende desen rol : *Absit, absit hoc a me, sed tradite Sibam et recedemus a civitate.* (Dat moet verre van my syn, maer levert ons Sibam ende wy sullen van de Stadt keeren). Ende achter hem sal comen veel volcx van waepenen, ende de voorschreve vrouwe sal hebben in haer hant een mans hooft affgeslaegen, presenterende dat den voorschreven capiteyn Joab, enz. *Regum, xx.*

DIE XXIIJᵉ FIGUERE. — DIE FRUYTENIERS.

Bethsabee, die huijsvrouwe van David, Salmons moedere. Dese sal sitten als een oude vrouwe, eerhaerlijck verchiert, met eender rantsen ende gecroont, op die rantse hebbende costelijcke habijten als een coninginne, met desen rol : *Bene, ego loquar pro te regi* (Wel, ick sal den coninck voer u spreken). Ende achter haer sal comen een edel man, costelijck verchiert gebeeten : *Adonius filius David regis* (Adonius die sone van David, den coninck), die seggen sal : *Precor, ut dicas Salomoni ut det michi Abisag Sunamiten in uxorem* (Ick bidde u, dat ghij Salomon seght dat hij mij gheve Apisag, die Sunamitinne, tot eender huysvrouwen). En dese sal hebben sijn pagie ende familie achter hem, enz. » iijᵉ *Regum, ij.*

DIE XXIIIJ FIGUERE. — DIE METSERS.

Abisag Sunamitis, die huijsvrouwe van David den coninck. Dese sal sitten als eene schoone maeght, met hangenden haere, met eender croone op haer hooft, maer sij sal oen hebben eenen kerspenen doeck daer die vlechten van haeren haere sullen doer hangen, want sij gehoudt was , al en bekendense de coninck niet. Ende achter haer sullen comen iiij oft v van des conincx Davids boden , voer haeren boesem bussen hebbende met eender barpen daerop, want sij in allen landen gesocht was van des conincx Davids weghen , ende dese sullen hebben op eenen staff hangende : *Nuncij David* (die bode van David), enz. iij° *Regum, 7°.*

DIE XXV° FIGUERE. — DIE TIMMERLIEDEN.

Een weduwe van Sarepten. Dese sal sitten als een aerm vrouwe, simpelijck gecleet, hebbende in haer banden twee houten liggende in de maniere van eenen cruijce, op dat een eijnde vanden houte sal desen rol hangen. *En colligo duo ligna* (siet ick versaeme ij houten). Ende op dat ander eijnde desen rol : *Vivit Dominus Deus tuus, quia non habeo panem* (Leeft u Heere Godt, want ick en hebbe geen broot). Bij haer houdende een hant aen haer cleederen, sal gaen een jongelinck gecleet als een Propheet, hebbende eenen walvisch in sijn bant, wijens naeme es Jonas. Ende achter haer sai comen een Propheet geheeten Henias Thesbites, ende sal aen hebben eenen pels metten haere vuijtwaerts, ende ghegordt met eenen rieme van witte oft geluwe lere, ende daer over eenen witten mantel, ende een groote opgaende muetse op zyn hooft , met eenen witten bande, hebbende in de rechte bant een cruijcke, ende in de andere hant desen rol : *Affer michi buccollam panis* (Haelt my wat broots, enz.) iij° Regum, xvij.

DIE XXVj° FIGUERE. — DIE CUYPERS.

Die buijsvrouwe van Abdias, den Propheet. Dese sal sitten als eene weduwe gehabitueert, hebbende een vat op haeren schoot met eenen trechters daerin staende, welck sij sal houden met haere slincke bant, ende een maet met olie inde rechte hant, ghietende vande olien int vat, ende aen dat vat sal hangen desen rol : *Affer michi adhuc vas* (Haelt mij noch een vat). Achter haer sullen comen ij jongelingen hebbende elck een vat op haeren hals ende dit waeren haer kinderen, die de vaeten aenbrachten. Ende achter dese sullen comen noch vele vrouwen met vaeten, baer ghebuerinnen, enz. iiij° *Regum, iiij.*

DIE XXVIj° FIGUERE. — DIE VOLDERS.

Mulier Sunamitis. Dese vrouwe sal eerbaerlijck verschiert zyn, ende sal hebben een doot kint op haeren schoot liggende, dwelck sij bescreijden sal. Ende achter haer sal comen een man, Giezi geheeten, die welcke sal aen hebben eenen langhen graeuwen tabbaert opgeschorst, ende op sijn hooft een blaeuwen topcapruijn tot op den rugge hangende, ende hij sal belazeert[1] sijn aen sijn aenschijn, ende aen sijn banden, ende hij sal hebben in sijn hant eenen stock, gelijck een crucke, maer hij en sal daerop niet leunen, maer dwers draegben, ende sal altemet[2] gaen tot bij dat kint ende leggen den stock op dat kint. Achter desen sal comen een Propheet genaempt Helizeus, *propheta* (Helizeus die Propheet), gecleet met eenen swertten tabbaert, ende gegordt met eenen ghelen rieme, daer over eenen witten mantele, met een opgaende muetse op dat hooft, met eenen baert, ende sal in sijn bant hebben cenen waeterpot, met eenen totele[3], vol waeters, ende in die andere hant desen rol : *Tolle filium tuum et filius vivit* (Haelt uwen sone ende by leeft). Ende achter sullen comen v jonghers met swertten tabbaerts, gheel riemen ende witte mantels, van de welcken die ierste sal draegen een bijl oft een axe, ende locht op ghechiert, daer aen sal hangen : *Filij Prophetarum* (die kinderen der Propheten); die tweede cenen eerden pot vol van wilde cruijden, ende aen den pot sal hangen desen rol : *mors in olla vir Dei* (Man Godts die doot inden pot); die derde sal hebben een mate met mele; die vierde sal hebben xx[tich] witte brooden in eenen schilt, ende die vijfste sal hebben een nieuw soutvat vol souts, enz. iiij° *Regum, iiij.*

DIE XXVIIj° FIGUERE. — DIE WYNTAVERNIERS.

Die dochter van Astrages, den coninck, sal sitten als een schoon jonghe maeght costelijck verschiert, gecroont als een coninginne, ende vuijt haer lichaem sal wassen eenen wijngaertranck, boven haer hooft opclimmende. Ende achter haer sal comen den coninck met sijnen sone gebeeten Astrages *rex Persarum* (Astrages coninck van Perssen). Ende bij hem sullen gaen groote geleerde meesters als meesters in de arten. Ende die coninck sal desen rol hebben : *Quid nam sibi vult hoc prodigium* (Wat wilt dit wonderlijck dinck hebben). Ende die meesters sullen hebben desen rol : *De utero ejus egredietur filius, qui dominabitur Asie, et te dejiciet a regno tuo* (vuijt haeren buijck sal comen eenen sone, die dominie[4] hebben sal over Asien, ende hij sal u vuijt uwen rijcke stooten, enz.). *Justinus,* j Cap.

DIE XXIX FIGUERE. — DIE BORDUERWERCKERS.

Sara, die dochter van Raguel. Dese sal sitten als een bruijt wel verchiert, hebbende twee borsen met ghelt in haer handen. Ende voor haer sullen komen ij als pelgerijns oft wandelaers ende die een sal hebben vluegelen, gelijck een ingele, ende in sijn bant eenen visch ende voer sijn hooft desen rol : *Raphael Angelus* (Raphael d'ingele). Ende die andere desen rol : *Thobias junior* (Thobias die joncxste) leijdende eenen hont achter hem. Nae Sara sullen comen knechten en maerten leijdende coijen, verckenen, schaepen, gheijten ende ander vee, enz. *Thobie, vj°.*

DIE XXX FIGUERE. — DIE SCHILDERS.

Susanna, die buijsvrouwe van Joachim. Dese zal sitten als een seer schoone vrouwe die seer bedroeft sal sijn, vringhende haer handen, hebbende desen rol : *Ecce morior, cum michi horum fecerim, que isti maliciosi composuerunt adversum me* (Siet ick storve, aengesien dat ick van desen niet gedaen en hebbe van dat sij van mij met quactheijt opleggen ende verseren). Voer haer sullen gaen ij dienstjouffrouwen, die eene sal hebben een fiole met rooswaeter, en die andere een busse met specerije. Achter haer sullen comen ij oude richters, als priesters van de juetsche weth, wijens naemen sijn *Sedechias* en *Achas*, daer van den eenen sal hebben desen rol *Dimisit paellas a se, venitque adolescens et concubuit cum ea* (Sij liet die meijskens van haer gaen, ende doen quam daer een jongelinck:

[1] *Belazeert,* dat is met lazery besmet.
[2] *Altemet,* soms.
[3] *Totele,* giethuis.
[4] *Dominie,* dominatie, heerschappy.

ende die sliep met haer). Ende den anderen sal hebben steenen om Susannam te steenigen. Bij Susannam ende dese priesters sullen loopen joden, met steenen oft sij Susannam steenighen souden. Achter dese ouders sal comen den jonghelijock geheeten DANIEL, als een Propheet, hebbende eenen rol : *Mundus ego sum a sanguine hujus* (Ick ben reijn van haer bloet). Ende bij hem sullen gaen ij eerbaer mans, *Joachim* en *Helchias*, ende oock ander vrouwen hebbende desen rol : *Quid est iste sermo quem tu locutus es* (Wat es dit dat ghij gesproken hebt) ? *Danielis*, xiij.

DIE XXXJ FIGUERE. — DIE GELAESMAECKERS.

ANNA, die huisvrouwe van den ouden Thobias. Dese sal sitten als een eerbaer oude vrouwe hebbende op haeren schoot een karoel om gaeren oft wolle te spinnen, ende sal seer stichtelijck gecleet sijn, hebbende desen rol in haer hant: *Heu me, fili mi, ut quid te misimus peregrinari, lumen oculorum nostrorum* (Wee mij, mijn sone, waeromme hebben wij u laeten pelgrimagie gaen, dat licht onser oogen). Ende achter dese vrouwe sal comen een oudt eerbaer man die blint es, geheeten *Thobias senior* (den ouden Thobias) ende dese sal geleijt wordden van eenen knecht ende sal hebben desen rol : *Tace, et noli turbari, sanus est filius noster, satis fidelis est vir ille, cum quo misimus illum* (Swijcht en wilt u niet verslaen, onse sone es gesont, die man es getrouwe genoech, daermede dat wij hem gesonden hebben). *Thobie*, x.

DIE XXXIJ^e FIGUERE. — DIE DROOCHSCHEERDERS.

JUDITH sal sitten seer rijckelijck verchiert ende costelijck gehabitueert als een schoon vrouwe, hebbende in haer rechtu hant een sweert, ende in die ander hant dat hooft van *Holofernes*, ende bij haer sal gaen haer cameniere, hebbende voer haer hooft desen rol : *Abra Judith* (die cameniere van Judith geheeten Abra) met eender opender maelen[1] om dat hooft van Holofernes daerinne te ontfangen. Achter Judith sal comen die overste priester oft bisschop *Joachim* ende sal seggen : *Tu gloria Jerusalem* (Ghij sijt die glorie van Jerusalem). Ende achter hem iiij priesters daeraff die eerste seggen sal : *Tu, laetitia Jerusalem* (Ghij sijt de blijschap van Jerusalem). Die ander : *Tu honorificentia populi nostri* (Ghij sijt die heerlijckheid van onsen volk). Die derde : *Quia fecisti viriliter, et confortatum est cor tuum* (Ghij hebt mannelijck gedaen ende u herte es versterkt). Die vierde : *Et ideo eris benedicta in eternum* (Ende daerom sult ghij gebenedijt sijn inde eeuwicheijt). Achter dase priester sal comen : *Ozias princeps populi Israhel* (Ozias prince van 't volck van Israel), als een prince costelijck toegemaeckt, met sijnder familien, ende sal dezen rol hebben : *Benedictus est Dominus, qui te direxit in vulnera capitis principis inimicorum nostrorum* (Gebenedijt es Godt die welcke u geordineert heeft in die wonden van den hoofde des prince van onsen vyanden). Achter desen oft oock vore, tusschen die princen ende den priesteren, sal gaen *Achior* ende sal hebben desen rol : *Benedicta tu a Deo tuo* (Gebenedijt sijt ghij van uwen Godt). Ende achter sal comen 't gemeijn volck, mans ende vrouwen, seggende *fiat, fiat* (Laetet geschieden, laetet geschieden). *Judith*, iiij.

DIE XXXIIJ FIGUERE. — DIE TESCHMAECKERS.

HESTER, die huisvrouwe van Assuerus. Dese sal sitten costelijck verchiert ende gecroont als eene coninginne, ende sal sijn seer schoon van aensicht, met desen rol in de hant : *Vade et congrega omnes Judeos et orate pro me* (Gaet en vergadert allen die Joden ende bidt voer mij). Achter haer sullen comen ij jouffrouwen die haeren sleijp sullen draegen, ende een out eerbaer man gecleet met eenen sacke ende eerde op sijn hooft, geheeten : MARDOCHEUS, *patruus Hester* (Mardocheus, oom van Hester). Ende sal hebben in die rechte hant eenen brieff met eenen rooden segele, gelijck der princen mandaten sijn, Hester dijen thoonende, ende in die ander hant desen rol : *Loquere regi pro nobis, et libera nos a morte* (Spreekt den coninck voer ons, ende verlost ons vander doot). Ende achter hen sullen comen vrouwen met sacken ende aerde op hen hooft ende groot misbaer maeckende. Hester sal noch in haer hant hebben desen rol : *Ingrediar ad regem, contra legem faciam non vocata tradensque me morti et periculo* (Ik sal ingaen totten coninck tegens de maniere doende, ongeroepen, mij settende int perijckel der doots, enz.). *Hester*, iiij et v.

DIE XXXIIIJ FIGUERE. — DIE LEGHWERCKERS.

Die Monnen vande seven MACHABEEN. Dese sal sitten eerbaerlijck gecleet, als eene weduwe, hebbende op haer hooft een croone ende in haer hant desen rol : *Fili mi, miserere mei, qui te in utero noven mensibus portavi, etc.* (Mijne sone ontfermt uiljoder, die u ix maenden in mijn lichaem gedraegen hebbe ende aenveert die doot). Ende in de andere hant sal sij hebben een palmrijs. Ende achter sullen comen vij sonen, d'een naer den anderen, naer hunnen ouderdom, metten genen bij hen die hun martiriseren sullen, naeckt, gevilt, die swaerse vanden hooffde, die vingeren vanden handen gehouden, die theenen vanden voeten. Die ontste sal seggen : *Parati sumus mori magis quam patrias Dei, leges prevaricari* (Wij sijn bereet liever te sterven dan over te treden Godts ende ons ouders statuijten); die tweede sal seggen : *Non manducabo carnes porcinas* (Ick en sal geen verkensvleesch eten); die derde : *E celo membra possideo, sed propter Dei leges, nunc hec ipsa despicio* (Mijn leden besitte ick vuljten hemele, maer om Godts wille nu tertijt versmaede ick die); die vierde : *Potius est ab hominibus morti datos, spem expeciare a Deo* (Het is beter dat wij doot wordden geslaegen vande menschen, hope verbeijdende oft verwaehtende van Godt); die vijfste : *Noli autem putare genus nostrum a Deo esse derelictum* (En wilt niet meijnen dat ons geslacht verlaeten es van Godt); die seste : *Nos autem propter nosmet ipsos hec patimur* (Wij lijden dese voer ons seiven); die sevenste : *Non obedio precepto regis, sed precepto legis* (Ick en ben niet onderdaenich 't gebot vanden coninck maer 't gebot vander weth). Achter dese sal comen die coninck *Antiochus*, met sijnen staete seer heerlijck te peerde ende met lakaijen, enz. ij *Machabeorum*, vij.

Hier naer volghen die Waeghens :

Den Waeghen representerende die roede van Jesse.

Die Waeghen representerende hoe Maria van Joachim ende Anna in den tempel te Jherusalem gepresenteert ende opgeoffert wert. Die xv trappen.

Die Waeghen representerende die Bootschap.

---

[1] *Maelen*, zak.

Die Waeghen representerende die Visitatie.

Die Waeghen representerende die Geboerte ons Heeren Jesu Christi, genaempt den Kersnacht.

Hier naer volghen die Kemels ende andere gedierten, representerende de drije Coninghen.

Jaspar, die was coninck van Tharsen, ende van de eijlanden Agrisoula, ende die offerde Christus *myrre*, ende was die meeste man van lijve, ende hij sterff doen hij oudt was 109 jaeren op den vi^{en} dach nae derthiendach.

Balthasar die was coninck van Godonien eude van Saba, ende offerde Christus *wieroock*, ende was die middelste man van lijve, ende sterff doen hij oudt was 112 jaeren, vijff daegen nae Melchior, opden derthienden dach.

Melchior die was coninck van Nubien ende van Arabien, die Christus *den gouden appel offerde met xxx penningen*, ende was die minste man van lijve; hij sterff doen hij oudt was 160 jaeren, opden viij^{en} dach nae Kerssdach.

(Seven vrouwen op ingebeelde beesten geseten; sonder namen).

Den Waeghen representerende den Paeschdach.

Den Waeghen representerende de compste vanden heijlighen Gheest op den Sinxendach.

Den Waeghen representerende die Opvaert van Onser Liever Vrouwen, bijder stadt van Loven doen maecken anno 1482 in septembri.

Den Waeghen representerende den Choor der Inghelen.

Minderbroeders. — Carmelieten of Onse Lieve Vrouwe Broeders. — Augustijnen. — Predikheeren. — Abtdij van Ste-Geertruijde.— Abtdij van Perk. — Abtdij van Vlierbeeck. — Schoolkinderen van St-Peeter. — Chooralen van St-Peeter. — Kapittel van St-Peeter. — Het miraculeus beeld van Maria met de speellieden en de 4 toortsdragers. — De Universiteijt: ses pedellen, de Rector magnificus, de Hoogleeraren in de verschillende Faculteijten. — *Voelbaijaert*, de vier Heijmanskinderen en coninck Caerel.

Sanck voer die vier Heijmanskinderen:

1. Compt al ter kermis wie ghij sijt
Tis nu al vreucht en al jolijt
Diemen in langhen niet en sach
Sijn hier vergaert op eenen dach.

2. Sijt willecom nu alle ghelijck
Heer, vrouw, en knaep aerm ende rijck.
Wie dat sij sijn 't sij van wat staet,
Wij en begeren niemant quaet.

3. Maer wacht u wel tot elcken keer
Van die schonvaegers sonder leer,
En die daer lagen dach en nacht,
Dat sij niet met en hebben bracht.

4. Hier mede sluijten wij ons liet,
Maer en vergeet d'accijse niet;
Weest dan vrolijck in 's Lovens pleijn
Godt ter eeren en sijn moeder reijn.

Nota. Onder den 15 hertoge van Brabant, anno 500, te weeten Carolus Nason, die eene dochter hadde *Veraju* genoempt, die tot eenen man hadde een Edelman vuijt Ardennen genoempt *Haymo*, waer hij van hadde iiij sonen genoempt: *Reijnault, Rogier, Olivier* ende *Adelaert*, die men noempt die iiij Haumans kinderen, die een peert hadde genoempt *Voelbaijaert*.

Den *Grooten Reuse Hercules*, die sone van Amphitrion ende de schoone Alcumena.

Die *Schoone Megera*, huijsvrouwe vanden voerschreven Hercules, dochter vanden coninck Creon.

Hier naer volghen de iiij Gulden der stadt van Loeven.

Die Gulde vande *Coloevriers* oft *bussen*, op den naem van Sinte-Christoffel, es bij der stadt van Loeven opgericht in maniere van erffschutters. ix^a maij anno 1506, opt getal van xxiiij persoonen, daernae vermeerdert opt getal van xxxxij persoonen, enz.

Die Ghulde vanden *Hantboge*, op den naem van Sinte-Sebastiaen. Anno 1343, 18 februarij es de voerschreve Ghulde gestelt opt getal van xxxij persoonen; daernae anno 1542 geaugmenteert op xl persoonen.

Die Cleijne Ghulde vanden *Cruijsboghe* oft *Voetboghe*, opden naem van Sint-Jooris.

Die Groote Ghulde vanden *ouden Cruijsboghe* oft *Voetboghe*, opden naem van Onser Liever Vrouwen. Anno 1343, 18 februarij hebben de voerschreve schutters de stadt Loeven gelooft ende gesworen als kerstene lieden goet ende getrouwe te sijn in alle saecken, enz.

De vier stadsspeellieden. — Die Boden vande Guldekenen. — Die Secretaris van de Guldekenen. — Die acht Guldekenen vander Drapperijen. — Twee Boden. — Die drije Clercken vanden Registre. — Die vier Rentmeesters. — Die sesse Secretarissen. — Die twee Pensionarissen. — Die xxi Gesworene vanden Raede. — Die seven Heeren Schepenen. — Den Heere Meijere met beijde die Heeren Borgemeesteren. — Den Draek, Sinte-Margriete, Sint-Jooris.

Vertooning van een Mijsterie — het gerecht van Salomon — op de Groote Merkt voer het Stadhuijs.

IX.

Description de l'Omgang, rédigée en français et publiée en **1648**.

Abrégé de la procession de la ville de Louvain, embellie de plusieurs chariots sumptueux et rares, entre lesquels il y a 54 femmes les plus célèbres du Vieux-Testaments, sur des chámeaux, chevaux, etc., représentant chacune d'elle par quelque vertu singulière, la très-saincte Vierge Marie. Inventée et ordonnée en l'an 1400 par le très-saige GISLENUS FABRI, Docteur en la S. Théologie. A Louvain, chez EVERARD DE WITTE.

Voicy le commencement de la Procession.

LES MESTIERS :

1 Les Mareschals. — 2 Les Massons. — 3 Les Charpentiers. — 4 Les Bouchiers. — 5 Les Pescheurs. — 6 Les Conroyeurs. — 7 Les Cordoniers. — 8 Les vieux Cordoniers. — 9 Les Meusniers. — 10 Les Boulengiers. — 11 Les Brasseurs. — 12 Les Pelletiers. — 13 Les Cuveliers. — 14 Les Teincturiers. — 15 Le Grand Mestier. — 16 Les Foulons. 17 Les Tisserans. — 18 Les Tapissiers. — 19 Les Tondeurs de Drap. — 20 Les Couturiers. — 21 Les Choussetiers. — 22 Les Vieux Couturiers. — 23 Les Epeciers. — 24 Les Boursiers. — 25 Les Grassiers. — 26 Les Couvreurs des Tuyles. — 27 Les Couvreurs de Chaulme. — 28 Les Fruictiers. — 29 Les Barbiers.

Le premier Chariot nommé les dix-sept Provinces, représentant la Paix entre le Roy d'Espagne et les Etats généraux des Provinces Unies.

Icy suit S. Michel avec le diable.

Puis le Chariot représentant le Paradis.

Icy suyvent les 34 Femmes des 34 Mestiers, sumptueusement ajoustées.

LES BOUCHIERS.

1 Sara, la femme d'Abraham, habillée à la vieille mode, et Isaac chargé d'un boteau de bois, suivis de deux serviteurs. Devant Sara marche Agar, sa servante, portante du pain et de l'eau, avec son filz Ismael. L'Ange l'admoneste de retourner à sa dame et s'humilier sous ses mains. *Gen.* 26.

LES MERSIERS.

2. Rebecca, femme d'Isaac, sur un chameaux bien ornée, avec une cruche de pierre. Elyezer, maistre d'hôtel d'Abraham, luy demande à boire, suivy de trois ou quatre serviteurs. Rebecca est accompaigné de sa Nourice et trois ou quatre filles, portantes des ports d'argent, des tasses et autres joyaux, que luy estoient donnez. *Gen.* 24.

LES COUTURIERS. (*Tailleurs*).

3. Lya, femme de Jacob, bien parée, ayant en sa main mandragora, parsque pour ce fruict elle avoit obtenu sa fecondité, accompaignée de ses six fils Ruben, Simon, Levi, Iudas, Isachar et Sabulon, sa fille seul les suit, avec la servante Zelpha et ses deux filz Gad et Azar, qu'elle avoit de Jacob. *Gen.* 30.

LES CORDOUANIERS. (*Cordonniers*).

4. Rachel, femme de Jacob, ayant en ses mains un idol, qu'elle avoit prise de son père Laban, suivy de ses deux filz Joseph et Benjamin et de sa Servante Bala avec ses deux filz Dan et Neptalim. *Gen.* 30.

LES BOUCHIERS DE MOUTON.

5. Thamar, femme du filz de Juda, habillée à la sauvaige, ayant en sa main un sceptre duquel pend un anneau d'or. Après suit un berger représentant le Pasteur de Juda, avec 4 ou 5 hommes, et femmes de vislage, ayant ce roole : *En ce lieu n'a pas esté une femme légière. Gen.* 38.

LES CHOSSETIERS.

6. Assenes, femme de Joseph, ornée à l'Egypsienne sumptueusement. Après elle suyvent deux enfans Mauasses et Efraim, après trois ou quatre Damoiselles d'honneur. *Gen.* 46.

LES COUVREURS DES TUYLES.

7. Marie, sœur de Moyse, Prophetesse, vestue comme une honneste vieille matrone à la Iudaique, ayant en son roole : *Chantons glorieusement le Seigneur.* Après elle suivent beaucoups des femmes, aussi habillées de mesme comme des Pelerins, chantant le mesme que Maria. *Exod.* 15.

LES PESCHEURS (*Poissonniers*).

8. Therbis, fille du roy d'Ethiope, à la payenne, avec son estat, ayant en sa main un anneau avec une pierre contenant une face. Cesluy-cy estoit l'anneau d'oublieance, que Moyse, son mary, luy donna, afin qu'elle l'oubliste : selon l'Histoire ecclésiastique et la S. Escriture. *Num.* 12.

LES CHIRURGIENS.

9. Sephora, femme de Moyse, à la payenne, ayant devant elle un enfant, nommé Elyezer pour le circoncir, accompagnée d'un Ange avec une espée nue, Moyse la suit avec les Tables des X Commandements et la Verge; derrière luy suit un enfant appellé Gerson, suivy de 4 ou 5 Juifs ; ainsi venoient ils d'Egypte. *Exod.* 2 *et* 4.

LES BOULENGERS.

10 Raab, femme de Salmon, ornée sumptueusement, ayant dans une main une corde rouge de soye et dans l'autre un faisceau d'estoupe de lin, devant elle vont deux hommes en habits de Juifs, espions du pays, après suyvent des gens d'armes, le principal a ce rolle : *Menez nous ces hommes la dehors, qui sont venuz chez vous, car ce sont des espions. Josué,* 2.

LES GRASSIERS.

11. Achsa, richement habillée comme une belle jeune fille, ayant dans sa main une fontaine coulante et disant en son roole : *Vous m'avez donné une aride, donne moy une terre grasse.* Avec elle va son père Caleph, suivy d'un jeune homme armé avec ses serviteurs, disant en son roole : *Othoniel, le mary d'Achsa. Josué. 15.*

LE GRAND MESTIER.

12. Delbora , femme de Lapidoth, Prophetesse et Rectrice d'Israël , après elle suit une Palmier, parsqu'elle dounoit audience dessoubs ceste arbre, suivy d'une quantité de vefves , orphelins et autres pauvres gens présentant leurs supplications. *Jud. 4.*

LES MARESCHALS.

13. Jahel, femme d'Aber, ayant dans une main un grand clou fort aigu, en l'autre un marteau, avec ce roole : *Venez, je vous monstre l'homme que vous cherchez.* Le grand capitaine Sisara l'accompaigne avec de gens d'armes fuyantes de la bataille, de laquelle il a eu la teste percée d'un clou, ceux-cy suit Barach avec des hommes d'armes. *Jud. 4.*

LES MEUSNIERS.

14. La femme de la ville de Thebes avec une pièce de pierre de moulin dans sa main, accompaignée d'Abimelech, roy de Sichem, qui a sur son heaume une pièce de pierre de moulin, toute sanglante, pariant dans son roole à son archer : *Tirez votre espée et tué moy, afin que l'on ne dise, que je suis tué d'une femme.* Les pages suivent avec des gens d'armes. *Jud. 9.*

LES VIEUX CORDOUANIERS *(Savetiers).*

La femme de Manué, mère de Sampson, ayant en son roole : *L'homme de Dieu est venus à moy ayant une face d'Ange terrible.* L'Ange l'acompagne qui luy prédit un fils, de l'autre costé va son mary disant en son roole : *Estes vous celuy qui a parlé à sa femme ? Jud. 13.*

LES TISSERANS.

16. Noëmi, vefve d'Elimelech, ayant ce roole : *Ne m'appelez pas Noemi la belle, mais me nommez Mara, c'est à dire amer, car l'omnipotent m'a remply d'amertume.* Beaucoup des dames et chambrières la suivent, disans en leurs rooles : *Voi-cy la belle Noemi.*

LES COUVREURS DE CHAULME.

17. Ruth comme une femme qui va glaner. Booz la suit, disant en son roole : *N'allez pas en un autre champ, mais joignez vous avec mes fillettes.* Elle réspond : *d'où me vient cela, que vous daignez cognoistre une estrangere?* Les moissonneurs les suivent avec les fillettes de Booz. *Ruth, 2.*

LES VIEUX COUTURIERS *(Frippiers).*

18. Anna, mère de Samuël, somptueusement babillée, priant à Dieu un fils, une mauvaise femme nommée Phenenna, lui reproche sa stérilité. Helcana son mari la console, disant : *Ne suis-je pas mieux que dix enfants ?*

LES PELLETIERS.

19. Micol, fille du roi Saül, ayant un homme farcy en son giron, avec ce roole : *Pars que le Seigneur a parlé à moy, laissez moy en aller où je vous tueray.* Saül suit avec des gens d'armes, se plaignant de ce qu'elle a faillie fuire son ennemi. *1, Reg. 19.*

LES COUROYEURS DE CUIR.

20. Abigaïl, la femme de Nabal, avec ses asnes chargez de pain, chair, vin, et autre mangeaille, disant en son roole : *Allez devant et je vous suiveray.* Cinq damoiselle la suivent avec toute sorte des espèceries en fruicts. *1, Reg. 25.*

LES TEINTURIERS.

21. La femme de Thecua, fort triste, avec ce roole : *Nous mourerons tous et comme de l'eau nous tombons en la terre.* Derrière elle suit le capitaine Joab, disant : *Simulez estre dolent et portez le ducil, et soyez comme une femme déplorante un mort ;* la famille suyvit. *2 Reg. 14.*

LES BRASSEURS.

22. La femme Arbelanoise, disant en son rôle : *Pourquoi vous vous hastez de perdre l'hérécie du Seigneur,* et présentant à Joab, qui suit avec beaucoup des gens, une teste d'homme trenchée, qui respond : *Dieu nous en garde : donne du vivre et nous quitterons la ville. 2, Reg. 20.*

LES FRUCTIERS *(Jardiniers).*

23. Beisabée, femme de David, mère de Salomon, Adonias, filz de David, la suit, avec ses pages et famille, priant de vouloir dire à Salomon qu'il luy veuille donner Abysar Sunamitis pour femme. Elle répond : *Je parleray bien pour toy au Roy. 5, Reg. 2.*

. LES MASSONS.

24. Abysar Sunamitis, femme de David, suivie de 3 ou quatre messagiers de David, qui la cherchent par commandement de David. *3 Reg. 1.*

LES CHARPENTIERS.

25. Une femme de Sarepta, comme une pauvre vefve, ayant en sa main deux bastons en manière d'une croix, disant en son roole : *J'assemble deux bastons, le seigneur Dieu vit, car je n'ay pas du pain.* Proche d'elle est le prophète Jonas, le prophète Elias suit, la priant un morceau de pain. *3, Reg. 17.*

LES CUVELIERS *(Tonneliers).*

26. La vefve d'Abdias, versant du l'huyle dans un tonneau, avec ce roole : *Apportez moy encore un tonneau,* deux de ses enfants la suyvent chascuns avec un tonneau sur les espaules et beaucoup des femmes. *4, Reg. 4.*

LES FOULONS.

27. La Sunamite, déplorant la mort d'un enfant, qu'elle a en son giron. Giezi la suit, mettant par fois son batton sur l'enfant; après suit le prophète Elizeus disant : *Prenez vostre filz, il vit.* Les enfans des prophètes suyvent, l'un portant une hache, l'autre un pot de terre plein d'herbes sauvages; du pot pend ce roole : *Homme de Dieu, la mort est dans le pot;* le troisjème une mesure de lait, le quatrième 20 pains, le cinquième une sauisière plain du sel. Par lequel Elizeus osta l'amertume et donna à manger aux Sameliques. *4, Reg.* 4.

LES VINOTIERS (*Marchands de vin*).

28. Fille d'Astrages, roi de Perse, de son corps croit une branche de vigne, montant par dessus la teste, derrière elle suit Astrages avec son filz et des philosophes demandant en son roole : *Que signifie ce prodigue ?* Les philosophes luy respondent par leur roole : *De son ventre sortira un filz, qui dominera, et vous en chassera du royaume.* Justin, c. 10.

LES VITRIERS.

29. Anna, femme du vieux Tobias, se regrettant qu'elle a laissé sortir son filz du pays. Tobias la console par son roole : *Taisez vous, nostre fils est en bonne santé, l'homme, que nous avons envoyé avec luy, est fidèle.*

LES ORFÈVRES.

30. Sara, fille de Raguel, habillée comme une espouse, ayant deux bourses plain d'argent, devant elle va l'Ange et le jeune Tobias, comme pélerins, suivy des serviteurs et servantes, avec toute sorte des animaux domestiques.

LES PEINTRES.

31. Susanna, femme de Joachim, se plaignant en son roole : *Voyez, je meurs encore que je n'ay rien fait de tout ce que ces malicieux m'imposent.* Deux chambrières la précédent, deux vieux juges comme des prestres de la loi judaïque, Zedechias et Achas, la suyvent, avec des juifs pour la lapider : ceux-cy suit Daniel, le prophète, qui la délivre, accompaigné de Joachim, Helcbia et autres hommes et femmes. *Dan.* 12.

LES TONDEURS DE DRAP.

32. Judith, vefve, ornée en princesse, avec une espée à la main. Sa chambrière porte la teste d'Holofernes. Le grand prestre Joachim la suit avec 4 prestres disant : *Vous estes la gloire de Jerusalem.* Ozias, prince de Juda, avec sa famille, les accompagne, avec ce roole. *Benie soit le Seigneur qui t'a délivré.* Entre ceux-cy est Achior comme prisonnier. *Judith.* 8.

LES BOURSIERS (*Faiseurs de poches*).

33. Hester, femme d'Assuerus ayant ce roole : *Allez et assemblez tous les juifs et priez pour moy.* Estant accompaignée de Mardocheus avec ce roole : *Parlez pour nous au roy, et délivrez nous de la mort.* Il est suivy de plusieurs hommes et femmes en grande détresse, vestus des sacs, criant : *Qu'elle entre au roy. Hest.* 4 et 5.

LES TAPISSIERS.

34. La mère des sept Machabées, vefve avec sept fils, tous prestes à mourir pour la loy de Dieu. Le roy Antiochus le suit avec son estat. 2 *Machab.* 7.

Icy suyvent les chariots magnifiquement ornez : — La Verge de Jessé. — Octavian Auguste. — Nostre Dame dans le Temple. — L'Annonciation de N. Dame. - La Nativité de Notre Seigneur. — Les 3 Roys suivis des Chameaux. — Dromadaires et autres animaux. — La Purification de N. Dame. — La Résurrection. — La Pentecostes. — L'Ascension de N. Dame.

Le chœur des Anges. — Le cheval Bayart. — La Géans avec leurs Femmes et enfants. — La Pucelle de Louvain, assise sur un Oliphant.

Après suit la croix de l'Eglise du St-Pierre. — Les PP. Capucins. — Les PP. Carmelites. — Les PP. Augustins. — Les PP. Mineurs. — Les PP. Dominicains. — Le clergé de S. Pierre avec l'image miraculeuse de N. Dame. — L'Abbaye de S. Gertrude. — L'Abbaye de Parck. — L'Abbaye de Vlierbeek. — Le Recteur magnifique avec les docteurs et supportes de l'Université. — Les 4 Confrairies ou Guldes. — Les nob. mess. du Magistrat.

FINIS.

Censor vidit, I. POSTANUS.

(Collection de Mr P. J. GOETGHEBUER, Architecte à Gand).

X.

Annonce en langue flamande de la Kermesse de Louvain de 1681.

Myne Heeren die Meyer, Borgemeesteren, Schepenen en Raet, die Heeren van de Geslachten, Heeren Guldeekenen ende goede mannen vande Natien, maeckende die vier leden ende alsoo het geheel lichaem vander ierste Hoofstadt van desen lande ende hertoghdomme van Brabant, willende hervatten hunne herkentenisse ende obligatie die welcke sy, van alle oude teyden, hebben gehadt aen d'ierste patronesse die heylige maget Maria, Moeder van onzen almogenden Godt, ter oorsaecke van den bysstant in verscheyde toecomen, door hare voorspracke, aen die Stadt van Loven en hare innewoonders roepende tot ende door haren bermertigen Sone verleent, en alnoch nieuwelinge becomen in het genieten vanden lanck gewenschten Peys, naer eene allegemeyne verderffenisse van dese landen, de welcke als nu scheynen aengenomen te hebben, een ander aensicht, ende wel dient aengebouden met eenige vuytwendige danck- en vreught teeckenen, doen aen alle goede luyden condigen dat sy, tot ruytwerckinge van 't geenu voirscreven is, hebben overdraegen van, tegen den iersten sondach van 7ber, toecomende, wesende den 4sten van de selve maent, binnen dese Stadt van Loven, te laeten ende alsoo geschieden de danck- en vreughtceeckenen innegestelt in de maent van 7ber vanden jare 891 over den schroomelycken veltslach in de welcken den keyser Arnulphus, wettigen sone van Carolomannus, heeft die overhant gehadt tegen die Nortmannen, ontrent en regenoten die vesten van Leuven, ende dat met bystant van den Grooten Grave van Loven, met name Bastyn, vuytten welcken die tegenwoordighe adelycke geslachten van Loven te vinden syn, wesende den selven grave, met de andere te vorens gevluchte Lovenaeren, vuyt Duytschlant wederom byden voorscheven Keyser gecomen en met toeraet en waepenen die voorschreve vyanden, tot over die hondert duysent int getal, ook int geheel verslaegen, als wanneer den voorschreven Keyser, op den iersten sondach van 7ber, den voorschreven slach involgende, heeft binnen dese Stadt laeten geschieden, met bywesen van alle syne volckeren, aen Godt almachtich ende syne gebenedyde Moeder, dancksegginge en eerbiedinge, dwelck daer naer altoos met meerckelycke vermeerderinge is onderhouden geweest, ende jaerlyck innegevoeght en vermeerdert inden jare 4377 metten Vrydomme aen alle persoonen ten voorschreven tyde naer Loven comende, ende dat voor vierthien daegen, te weten acht daegen voor ende acht daegen naer den meergemelden iersten sondach in 7ber, welck als nog op den dag van heden wordt geplogen, waer vuyt is alsdoen voortsgecomen die Kermisse van Loven, ende tot meerdere aenlockinge van alle vremde persoonen is, inden jare 4490, eerst opgestelt geweest dese aenstaende processie, alsnu genoempt den Ommeganck *van de Lovensche Kermisse,* dewelcke andermael sal ten voorgenoemden daege geschieden ende voltrocken worden, mette gratie vanden almogenden, door den eerweedigen ende geestelycken staet van dese Stadt, vergeselschapt metten weerelycken alhier bestaende in de edele, wyse ende seer voorsinnige heeren, myne Heeren den Meyer ende andere van het dienende Magistrael, die heeren Schepenen, heeren Guldeeckenen en andere bewinthebbers van de Stadt, die vermaerde borgerlycke Gulden en alle andere innegesetene poirters, hunne plaetse vindende onder die respective ambachten met hun licht-teekenen (sic) affgescheyden, waertoe alnoch worden gevueght soodanige vercierselen als van wagens, nyet gesien, figuren, vuytbeldinge van vremde feyten, dat een ieder mach verhopen, voor desen, in gelycken occasie, noynt dirgelyex te hebben gesien ofte hooren seggen. Ende nopende die pracht van cleederen ende veerdicheyt in het handelen van de waepens die welcke onder die voorschreve Guldens sal bygeleyt worden, dat de selve Gulden voordesen aen henne naebueren gedient hebbende tot verwonderinge, alsnu by allen die werelt sullen mogen aengenomen worden tot exempel; bovendyen, soo sai voor het Raetbuys alhier, *wiens gelyckenisse inde bauwconste alnoch te soecken is,* worden opgericht, int midden vande Merckt, een tonneel van soodanige inventie, boogde en magnificentie datmen in desen lande noch ter teyt egeen diergelyex en heeft sien gebruycken, op dwelck geduerende die acht daegen van de Kermisse, naer het liberalyck onderhouden vande vrinden, oock mette selve miltheyt, (volgens onse gewoonte) voor een ieder sullen geschieden en verthoont worden, door die Hooft-Retorycke Camer van Brabant ende Mechelen, beneffens die andere Camer, seer raere en oude voorcompsten, met aenhoudende veranderingen van het voorschreven tonneel, in verscheyde plaetsen ende menichte van reysen, allen d'welck sal vuytgewerckt worden, met magnificentie, ende genereusheyt, altoos in den selven graet, soo dat een ieder sal connen vuyt dese vreught scheyden metten selven humeur als by daertoe sal wesen gecomen, vuyterlyck mette gewenschte voldoeninghe, tot welcken eynde nyet alleen sal besondere sorge gedraegen worden voor die policye, maer ook voor die veylicheyt van de baenen op dat aen nyemande worde gelaeten eenighe die minste redenen om in dese occasie hun te beclaegen van ievers inne te wesen achterhaelt. Aldus gedaen in onse vergadering der heeren van het magistraet daer toe vergadert synde, op den 26 juny 4681.

Archives de la ville. Bescheeden. litt. O., n° 24.

XI.

Annonce de la Kermesse de Louvain de **1681**.

hIs bInIs VtrIVsqUe eXtant CoMpenDIa LegIs.

Nous Mayeur, Bourgemaistres, Eschevins et autres du conseil de la ville de Louvain, chef de ce Pays et Duché de Brabant : Faisons sçavoir que nostre intention est de rendre les remerciments accoûtumez à nostre Seigneur et bon Dieu des graces receues, en plusieurs occurrences, après en avoir demandé l'intercession de sa sainte Mère la Vierge Marie, notamment lorsque cette ville s'est trouvée en dangers inévitables, comme en l'an 891, estant engagée par les Nortmans, et délivrée le premier jour de septembre par les armées de l'Empereur Arnulphe, fils légitime de Carloman, accompagné de *Bastin le Grand,* Comte de Louvain, de la noblesse et des citoiens de cette ville, qui s'appuiants sur leur bravoure ordinaire défirent en ce jour plus de cent mil hommes. Le dit Empereur ayant attribué cette notable Victoire à la bonté de Dieu, par l'intercession de sa sainte Mère, fit icy son entrée avec magnificence et acclamation de tout le peuple le premier Dimanche de septembre suivant : et il joignit un soing particulier de rendre grâce à Dieu et à sa saincte Mère : Ce qu'il a témoigné en procurant à cet effet qu'on célébrât le dit dimanche l'Office de la Récollection des joyes et de festes de la Bienheureuse Vierge Marie : ce que jusques à présent s'observe annuellement par le Chapitre Collégial de Sainct Pierre, avec une procession, laquelle fut embellie de l'an 4490 par la représentation des Femmes du Vieux Testament, figurant et signifiant la sainte Vierge Marie Mère de Jesus-Christ, suivies des Chars de Triomphe, d'une structure admirable, représentant les graces principales que la dite Vierge a reçeue de Dieu, accompagnées des deux corps principaux de cette ville à savoir du Magistrat et de la haute renommée et première Université, le Recteur Magnifique, avec tous les Vénérables Docteurs et Professeurs d'icelle, et de la bourgeoisie très-richement couverte, qui par le maniement et l'adresse des armes, font connoître leur héréditaire génie Martial pour la défense de leur Religion et de leur Prince. Ce qui trouvera sa suite par des autres Chars très-magnifiques, du Géant très-fameux, sa Belle Reine et de toute sa Cour, des comédies ornées de machines, de la musique, balleez, des changemens fréquens et extraordinaires de Théâtre, que l'on représentera sur la Place pendant toute l'Octave et de plusieurs autres marques de rejouissance. Et afin que personne ne soit troublé dans cette fête on donne la franchise de quinze jours aux estrangers, et on aura soin de pourvoir à la liberté des chemins et à la bonne Police. Plus bas étoit : *Par ordonnance :*

Signé : F.-J. Goffaert, Secrétaire.

A Louvain, chez Pierre de Zangre. Anno 4684.

Archives de la ville. Bescheeden litt. K., N° 6.

XII.

Dépenses faites par certains corps de Métiers pour l'Omgang de 1681.

I.

Extrait du compte de la corporation des Epiciers (*Cremers en Speciers Ambacht*), ms n° 2208, ff 193vo 165vo.

OMMEGANCK, 1681.

Item, betaelt aen Carel Symons voor het repareren van het Kemelshooft, volgens die quitancie.	18 st. —
Item, aen Guilliam Mattheys voor het repareren van den Kemel, volgens die specificatie.	6 — 3
Item, betaelt aen den knaepe en dienaer voor een arrest.	0 — 14
Item, aen den knaepe betaelt voor twee daegementen gedaen voor Loven kermisse.	1 — 4
Item, betaelt aen de huysvrouwe van Martinus Coremans voor pluymen gelevert tot het maecken van het roexken voor den Moor, volgens die quitancie de somme van,	5 — 6
Item, betaelt aen de huysvrouwe van Jan Lanckmans voor het snyden van twee titels.	1 — 4
Item, betaelt aen Jan Vossels, sadelmaecker, voor het becleeden vanden hals van den Kemel, macken van den thoom en andersints.	6 — 18
Item, betaelt aen Peeter Bastin voor eene seyde coorde dienende om voor den Kemel te dansen.	5 — 4
Item, betaelt aen Francis Le Renier voor het schilderen van de voorschreve twee titels.	9 — 8
Item, betaelt aen Jan Sassenus voor gelevert lint totten thoom van den Kemel en andersints.	15 — 8
Item, betaelt aen de wed. Delhaye voor het bueren van de pluymen voor den Kemel ende Rebecca.	4 — 10
Item, betaelt voor een paer schoenen voor den Kemel-draeger ende twee paer voor den Moor.	4 — 16
Item, betaelt aen den *Kersdraeyers* op Loven kermis dach.	2 — 8
Item, aen de Lazarissen ende Vondelingen.	0 — 6
Item, heeft den Rendant verschoten aen den ombeyt voor de *Keersdraeyers*, Kemeldraeger, den Moor ende andere personagien die in den *Ommeganck*, hebben vuytgestelt geweest.	9 — 12
Item, naer den processie dach voor het bancket gegeven aen de voorschreve personagien.	2 — 16
Item, betaelt aen Henrick de Vos voor het hueren vande carsacken (sic) ende andere cleederen voor die vier edelmans ende Eliasar.	8 — 0
Item, voor het hueren van vier degens.	0 — 14
Item, betaelt voor die dachhuere van Eliasar.	0 — 18
Item, voor de dachhuere van de voester.	0 — 18
Item, aen den Kemel-draeger.	4 — 0
Item, aen den Moor.	1 — 16
Item, voor de vier Maeghdekens en de vier Edelmans.	2 — 8
Item, aen eenen jongen die den Kemel heeft gaede geslaegen.	0 — 12
Item, betaelt voor drinckgelt aen het meysen alwaer den Kemel gestaen heeft, gedurende den tyt dat hy is omgedragen geweest.	0 — 18
Item, betaelt aen Peeter Zangers voor gelevert lint totten hals van den Kemel, volgens die specificatie.	19 — 16
Item, betaelt aen Jan Delhaye voor dry vellen tot het becleeden van den hals van den Kemel.	2 — 12
Item, betaelt aen Jan Everaerts voor het leveren van copere bellen.	5 — 0
Item, betaelt aen Carel Cantillion voor het leveren van elff onzen en seven ingelsche tot het maecken van silvere bellen ende silveren rinck totten Kemel met het fatsoen.	40 — 0
Item, betaelt voor een paer witte cansen voor den Moor en eenige valsche silvere gallon.	3 — 10 1/2

II.

Extrait du compte des Faiseurs de poches (*witteleermaeckers Ambacht, begrypende de tessemakers, riem ende nootelboolagers, gereelmaeckers, handtschoenmaeckers ende boeckbeslaegers*) de 1681, n° 2219, f° 115.

Item, den 7 september 1681, wesende Loven-kermis, betaelt soo vant vuytstellen van de ambachts Vrouwen, in 't hueren van canten ende coopen van linten, bueren van peerden en het peerdt van de Coninginne *Hester* met het tracteren van derthien persoonen, ieder à sesse stuyvers gerekent, mede oock betaelt aen *Mardocheus* ende Vrouwe personen die gedient hebben in den *Ommeganck*, ieder ses stuyvers, mitsgaders voort schilderen der brieffven met het pampier tot die beditselen van *Hester*, eenen gulden, xvij stuyvers, als coopen van schoenen voor Hester, enz., volgens notitie t'saemen — 17 — 3 1/2

III.

Extrait du compte des Boulangers de 1681, n° 2251, f° 29vo.

Item, aen de nootsaeckelycheyt ende reparatien totten *Ommeganck* a° 1681 betaelt. — 53 — 8 3/4

IV.

Extrait du compte des Chaussetiers de 1681, n° 2267, f° 127vo.

Item, betaelt voor 't vuytstellen van de ambachts-Vrouwen in den lesten *Ommeganck*.	8 — 0

V.

Extrait du compte des Savetiers (*Oudt Schoenmaeckers ambacht*) de 1681, f° 131vo.

Item, betaelt voor 3 ellen raset geel totten mantel van Emmanuel, in den Ommeganck.	1 — 13
Item, voor het fatsoen.	0 — 10
Item, voor den staff van den Engel.	0 — 6
Item, aen den Schilder voor het vernieuwen van de titels.	4 — 16
Item, 22 ellen lint ende een paer hantschoen 't saemen volgens quittantie.	3 — 12
Item, voor die toebeboorten tot het palleren van de Moeder van Samsoen.	3 — 12
Item, voor den loon.	0 — 12
Item, voor het peert te leyden.	0 — 3
Item, voor eenen riem om de sadele.	0 — 6
Item, aen Emmanuel voorsyn devoire.	0 — 6
Item, aen den Engel.	5 — 12
Item, die costen van den ombyt en bier tot Loven-Kermisse.	0 — 8
Item, quittantie gelt.	0 — 5
Item, voor den alpene te wassen.	0 — 8
Item, die huere van twee vleugels totten Engel.	

XIII.

Le Cardinal-Archevêque de Malines défend de promener dorénavant, dans la Procession de Louvain, une statue colossale représentant St-Christophe (3 août 1785).

Vu cette, le tout murement examiné, Nous déclarons abusives les pratiques gigantesques qui se mèlent dans les processions religieuses, qu'on à coutume de faire à Louvain, le jour de St. Pierre et le premier dimanche de septembre. En conséquence Nous interdisons, pour autant que cela regarde notre jurisdiction, que cet homme, monté sur des echasses réprésentant le St. Martyr Christophe, ainsi que celui qui est travesti en hermite, accompagne de cette façon les Processions susdites ou assiste à la célébration du saint Sacrifice. En outre Nous trouvons bon, qu'à la place de l'effigie de St. Pierre, qui à cause du poids enorme prête occasion de s'arrêter continuellement et ensuite aux autres inconvenients mentionnés en cette, on fasse un buste du même Saint pour y placer ses Saints reliques, qui pourra facilement et avec decense être porté par deux chapelains ou autre prêtres, dans la procession qu'on est en usage de faire le jour du même Saint, requerons le Magistrat de Louvain, les Serments respectifs et tous ceux à qui il appartient de seconder nos vues, qui (en otant les abus) ne tendent qu'à augmenter la gloire de notre Saint religion. Fait à Malines, le 3 août 1785.

Etoit signé : Joann. Henr. Card. Archeveque de Malines. Plus bas étoit par ordre de son Eminence. Signé : J.-F. vanden Brandt, secrét. et caché en forme.

Pour Copie

Signé : F. Helman de Termeeren.

XIV.

Confirmation de la défense qui précède par le Conseil Souverain de Brabant. (18 août 1785).

BY DEN KEYSER EN KONINCK,

Lieve ende Welbeminde,

Wy sende U hier benefens copye van de schikkinge, op den derden deser maent gemaeckt, door den Cardinael Aertsbisschop van Mechelen, by de welke desen Prelaet heeft verclaert abysief de reusachtige pratyken de welcke worden gemengelt in de geestelyke processien die men gewoon is te plengen binnen de stadt Loven, op den feestdagh van den H. Petrus ende op den eersten sondagh van de maent september, ende by welcke schickingen den selven Prelaet, voor soo veel dit betreft syne jurisdictie, heeft geinterdiceert dat den man gaende op stylen ende verbeldende den heiligen martelaer Christophorus, even als den genen vercleedt in de gedaente van eenen hermeyt, voortaen noch souden vergeselschappen, op die wyse, de voorgemelde Processien, nochte bywoonen de celebratie van het heyligh sacrificie, ende verders goedgevonden heeft dat in de plaetse van het beldt van den H. Petrus, het welck, mits desselfs overgroot gewicht, oorsaecke geeft dat den ganck van de processie gednerighlyck wort wederhouden, men sal maecken een Borst stuck ofte Buste van dien heyligen, om daer inne te stellen desselfs reliquien, het welck gemackelyck ende met betaemelyckheyt sal connen worden gedraegen door twee capellaenen oft priesters, in de Processie, die gewoonelyck wort gedaen op den feestdagh van den selven heyligen. Ende goetkeurende dese schickinge wy bevelen U ende alle de gene die het eenighsints magh aengaen, hun daer aen te conformeren; belasten U boven dien te waecken dat 't gene begrepen is in die schickinge stiptelyck worde vuytgewerckt. Hier mede, lieve ende Welbeminde, den Heere Godt zy met u. Gedaen tot Brussel den 18 augusti 1785.

Signé : Crumpipen, F. Helman de Termeeren.

D'insinuatie dezer met de schickingen daer in vermelt respectivelyk, by coppye authentick, is gedaen, door den ondergeteekende concherge der Stad Loven, aen S' N. van Vlasselaer, als koninckstabel van de Colveniers-Gilde der selver stad, desen 30sten augusti 1785.

Signée : E. Bormans.

XV.

Résolution du Magistrat en suite de la dite défense (28 septembre 1785).

Is voorgelesen het decreet van den Souvereynen Raede van Brabant, de date 18 augusti 1785, goetkeurende de schickinge gedragen by syne Eminentie den Artsbisschop van Mechelen, van den vyfden der selve maent, waer by verboden wort de representatie van den heyligen Christophorus men den Eremyt, in deser stadts processien, ende goetgevonden is in plaetse van 't beeld van den heyligen Petrus, mits des selfs overgroot gewicht, te laeten maecken een borst-stuck ofte buste van dien heyligen om daer in te stellen des selfs reliquien ende alsoo gedragen, te worden in de processie door twee Cappellaenen oft priesters, ende rapport gedaen synde van d'insinuatie van den voorscreven decrete ende schickinge, by copyen authentiek gedaen aen den conincks-tabel van de Colveniers-Gilde deser stad, in date 30 augustus, hebben myne Heeren geresolveert sigh daer aen te conformeren, ende dat den selven decrete ende schickinge sullen worden geenregistreert.

ADDITIONS.

Le 19 septembre 1483 un peintre du nom d'ANTOINE VANDER WOLFSHAGHEN dit *Pasteyken* s'engagea, devant les trésoriers de la ville, à fournir, au prix de 12 florins du Rhin, deux animaux bizarres en osier pour être portés dans l'*Omgang*, chacun par deux hommes. Voici le texte de cette convention :

« Item, ANTONYS VANDER WOLFSHAGHEN, diemen heet *Pasteyken*, scildere, heeft verdinght, xix septembris lxxxiij, tegen den vier Rintmeesteren vander stadt, tot behoeff vander stad om de *Processie* en *Ommeganck van Onser Liever Vrouwen*, in Septembri, met te chierene, enz., te makene twee de *vrempste personazen van beesten* dat men in desen lande de wedergae niet gesien en heeft, van goeden getydegen wyen, soe groet dat in elcke twee mannen in gaen mogen alsmen die omme draeght en soe sterck datter, oft mens behoefde, twee kinderen op setten mochte, wel en notabelick gestoffeert, soe elcke dat na synen eysch behoeven sal met synen deck-sele, enz., en met al datter toe behoren sal, enz., sal de selve Anthonys oic doen maecken twee hoefden die twee jongers die op de voirscreven vrimde beesten sitten sullen over haren hoeft aenscieten sullen ende die stofferèn, elcke nae synen eysch, met condicien dat de slechste beest van den voirscreven twee beesten werckelyker en beter syn sal tot meesters pryse dan de beste die hy den Rint-meesteren vercocht ende geleverd heeft, enz., die de selve Anthonys leveren moet tusschen diet ende des heyligen sakrementsdaghe naestcomende, ende sal de selve Anthonys hier aff hebben eens xij Rinsguldens te xx stuivers stuck, enz.

Hier op Anthonise geleent en vergouwen Albrechte.	ij Rynsgulden.
Hier op hem noch geleent, xvj decembris lxxxiiij.	i Rynsgulden.
Hier op noch gelevert xxiiij decembris lxxxiij.	iij Rynsgulden.

Item, dese een beeste geleverd xxiiij decembris lxxxiiij, en geset int divers. Soe es hy betaelt op den selven dag van eender beesten. Item, xxiiij decembris lxxxiiij, hem noch geleent op de tweeste beeste de somme van xx stuvers. Vergouwen hem de tweeste beeste en quit. »

Voyez le manuscrit intitulé *Dleenboeck*, n° 1637, f° 75ᵛᵒ.

LAMBERT BLENDEFF, directeur de l'*Omgang*, p. 33. Nous lisons dans les Résolutions du Magistrat, du 30 juin 1677, f° 322ʳᵒ, ce qui suit :

« Op de requeste van LAMBERT BLENDEFF, stadts-schildere, es by myne Heeren geopineert dat den voorschreven schilder wordt vrye gehouden van die logementen van soldaten, op de conditien by hem gepresenteert, ende rakende den vrydom van de bieren, sal metten selven by den heere tresorier beneffens my pensionnaris nader worden getracteert. »

Lambert Blendeff épousa, le 7 juillet 1676, à St-Michel, MARIE MACHAINE, qui lui donna six enfants. Il habitait, en 1680, la maison nommée la FONTAINE D'OR (*die Gulde Fonteyne*), située rue de Tirlemont, coin gauche de la rue des Chats. En 1684 il obtint le poste de peintre de l'Université ou *iconographus Universitatis*. THÉODORE VAN HANEWYCK le remplaça en qualité de directeur du matériel de l'*Omgang*, ainsi qu'il résulte de la résolution suivante du 15 septembre 1684 :

« Op de supplicatie van *Theodorus van Hanewyck* is aen den seyven geconfereert het *Hallemeesterschap*, bestaende in de *Schilder-schap* deser stadt, vacerende by afstant van M. Blendeff, als hem begeven hebbende onder de supposterye van den Universiteydt, op den voet van Syner Majesteits reglements, ende jegewelcke exemptie van vrydom, gelyck dat des selfs voorsaeten hebben verdient. »

Blendeff mourut, dans sa maison de la rue de Tirlemont, et fut enterré au cimetière de St-Michel, le 4 juin 1721. On lit dans le registre des décès de cette paroisse ce qui suit : « 4 junii (1721) begraven, 2ᵉ Classis, LAMBERTUS BLENDEFF, met 16 poosen groot geluydt, 3 dagen getampt met de Clocke (f° 22). » Cet artiste laissa quelques peintures importantes dans les églises de Louvain. Nous les avons fait connaître dans notre livre *Louvain monumental*.

L'Omgang de Louvain. 1594.

Les Corps de Métiers.

1. Les Maréchaux.

2. Les Maçons.

3. Les Charpentiers.

4. Les Bouchers.

5. Les Poissonniers.

6. Les Tanneurs.

7. Les Cordonniers.

L'Omgang ou Cortège historique de Louvain 1594.
Les Corps de Métiers.

Pl. II.

8. Les Sauniers.

9. Meuniers.

10. Les Boulangers.

11. Les Brasseurs.

12. Les Peletiers.

13. Les Tonneliers.

14. Teinturiers en bleu.

15. Le Grand Métier.

L'Omgang ou Cortége historique de Louvain en 1594.
Les Corps de Métiers.
Pl. III.
16. Les Foulons.
17. Les Tisserands. 
18. Les Passementiers.
19. Les Tondeurs. 
20. Les Tailleurs.
21. Les Chaussetiers. 
22. Les Frippiers.
23. Les Merciers.
Gravé par J. Van Ryswyck.

L'Omgang ou Cortége historique de Louvain. 1594.

Les Corps de Métiers.

Pl. V.

Adam et Ève chassés du Paradis terrestre.

1. De la part des Bouchers.

4. De la part des Cordonniers.

2. De la part des Merciers.

5. De la part des Bouchers, pour la 2ᵉ fois.

3. De la part des Tailleurs.

6. De la part des Chaussetiers.

7. De la part des Couvreurs en tuiles.

10. De la part des Boulangers.

8. De la part des Poissoniers.

11. De la part des Graisseurs.

9. De la part des Barbiers.

12. De la part du Grand Métier.

Dessiné par G.... Gravé par J....

Cortége historique de Louvain 1394.

Pl. VIII

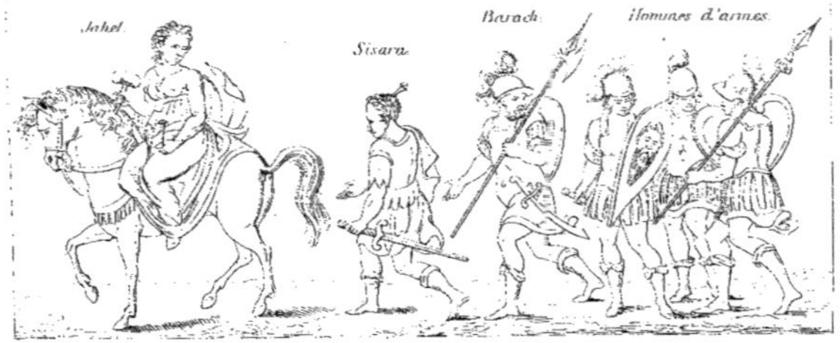

13 De la part des Maréchaux.

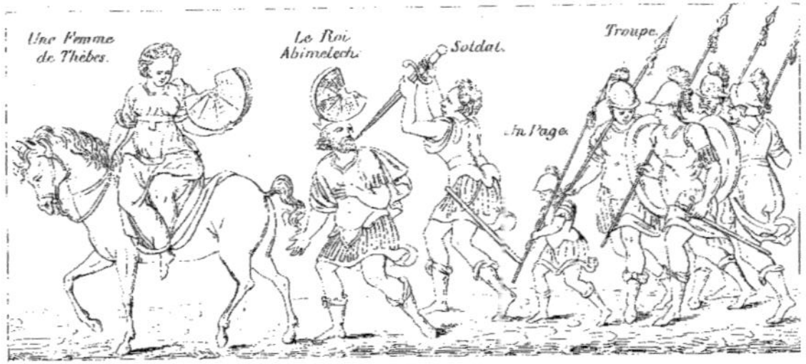

14 De la part des Meuniers.

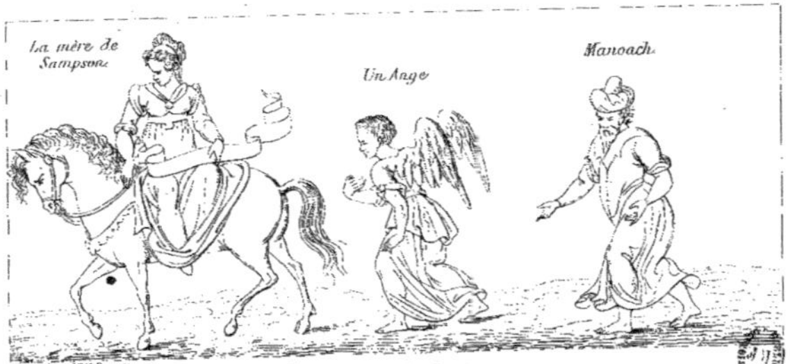

15 De la part des Savetiers.

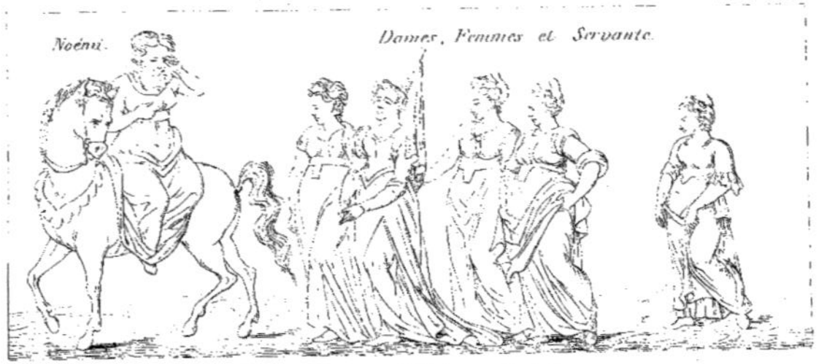

16 De la part des Fabricants de toiles.

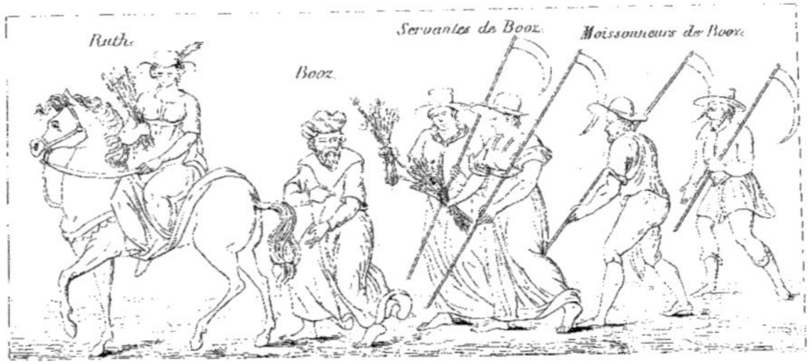

17 De la part des Couvreurs en paille.

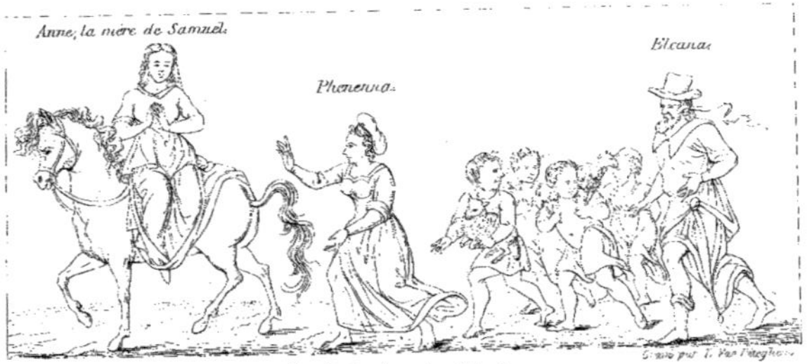

18 De la part des Frippiers.

19. De la part des Pelletiers.

20. De la part des Tanneurs.

21. De la part des Tisserands.

23. De la part des Brasseurs.

23. De la part des Jardiniers.

24. De la part des Maçons.

25. De la part des Charpentiers.

28. De la part des Marchands de Vins.

26. De la part des Tonneliers.

29. De la part des Passementiers.

27. De la part des Foulons.

30. De la part des Peintres.

31. De la part des Vitriers.

33. De la part des Fabricants de Poches.

32. De la part des Tondeurs.

34. De la part des Fabricants de Tapisseries.

35. Suite du 34e groupe.

L'Omgang de Louvain, 1594.

L'Arbre de Jessé.

Pl. XII.

Dessiné par G.te Brangh.

Gravé par J. Jos. Bang Leus.

La Présentation au Temple.

L'Annonciation.

Cortège historique de Louvain. 1891.
La Visitation.

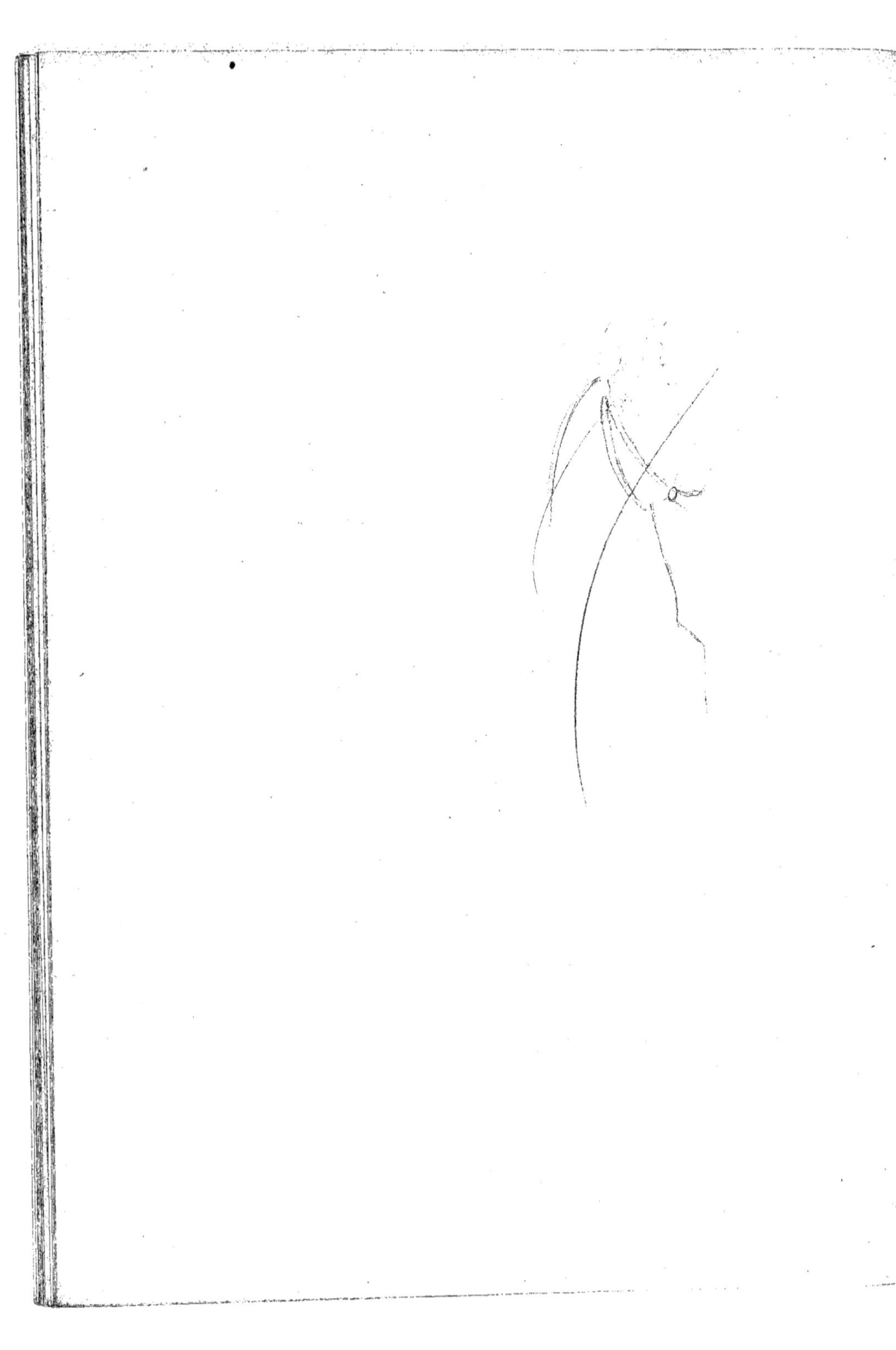

L'Omgang de Louvain, 1594.

La Naissance du Seigneur.

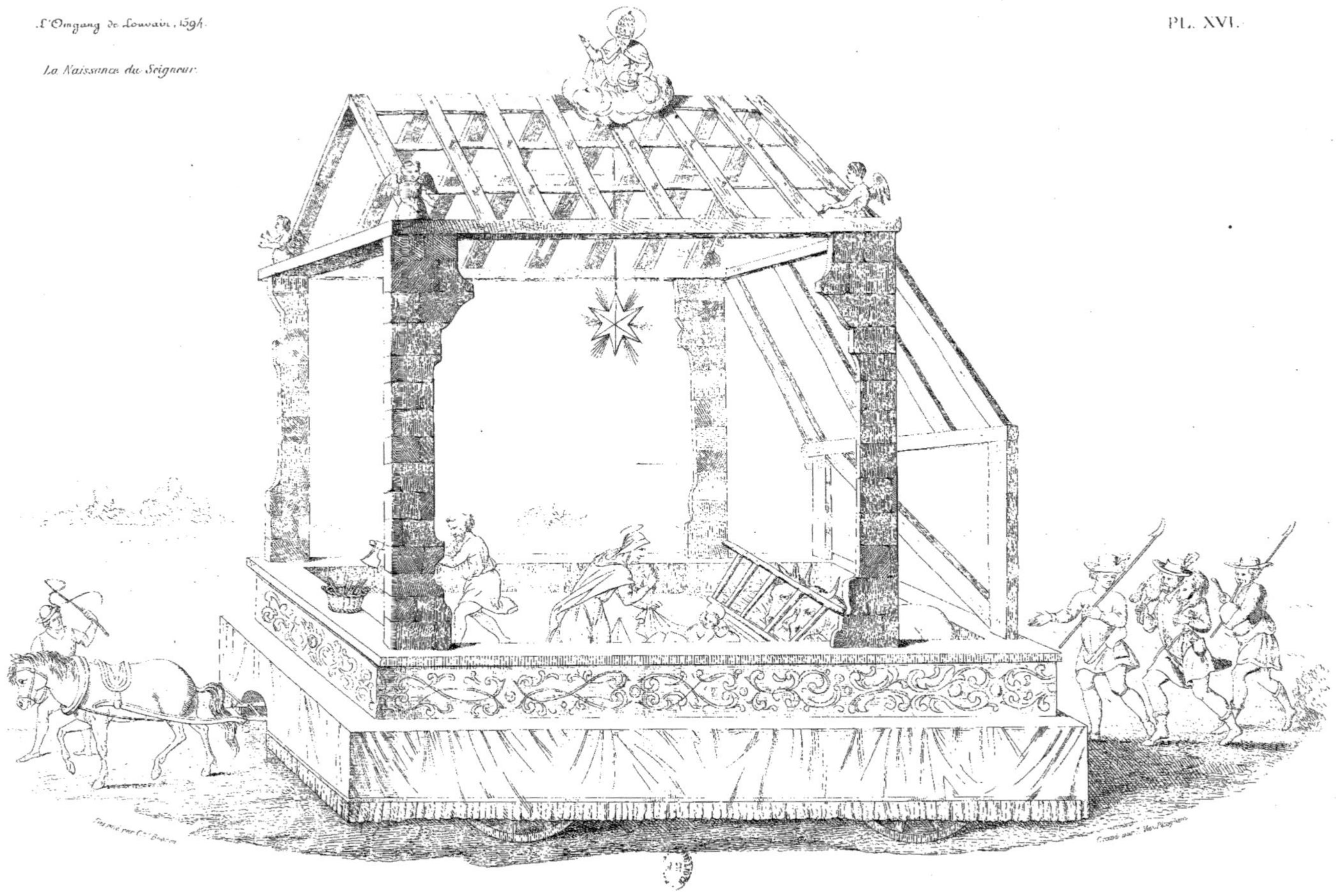

Pl. XVII

Gaspard.

Balthazar.

L'Omgang ou Cortège historique
de Louvain, 1594.

Les Rois Mages.

Melchior.

La jeune fille au Cerf.

Jeune fille ⸺ au Chasseurs.

Cortège historique de Louvain, 1895.

Jeune fille on Leopard.

Jeune fille au Tigre.

Jeune fille   on Chameau.

Jeune fille a l'Aigle.

Cortège historique de Louvain. 1594.

La Résurrection de Notre-Seigneur.

La Pentecôte.

Cortége historique de Louvain. 1594.

L'Assomption de Marie.

Cortège historique de Louvain. 1594.

Les Chars des Anges.

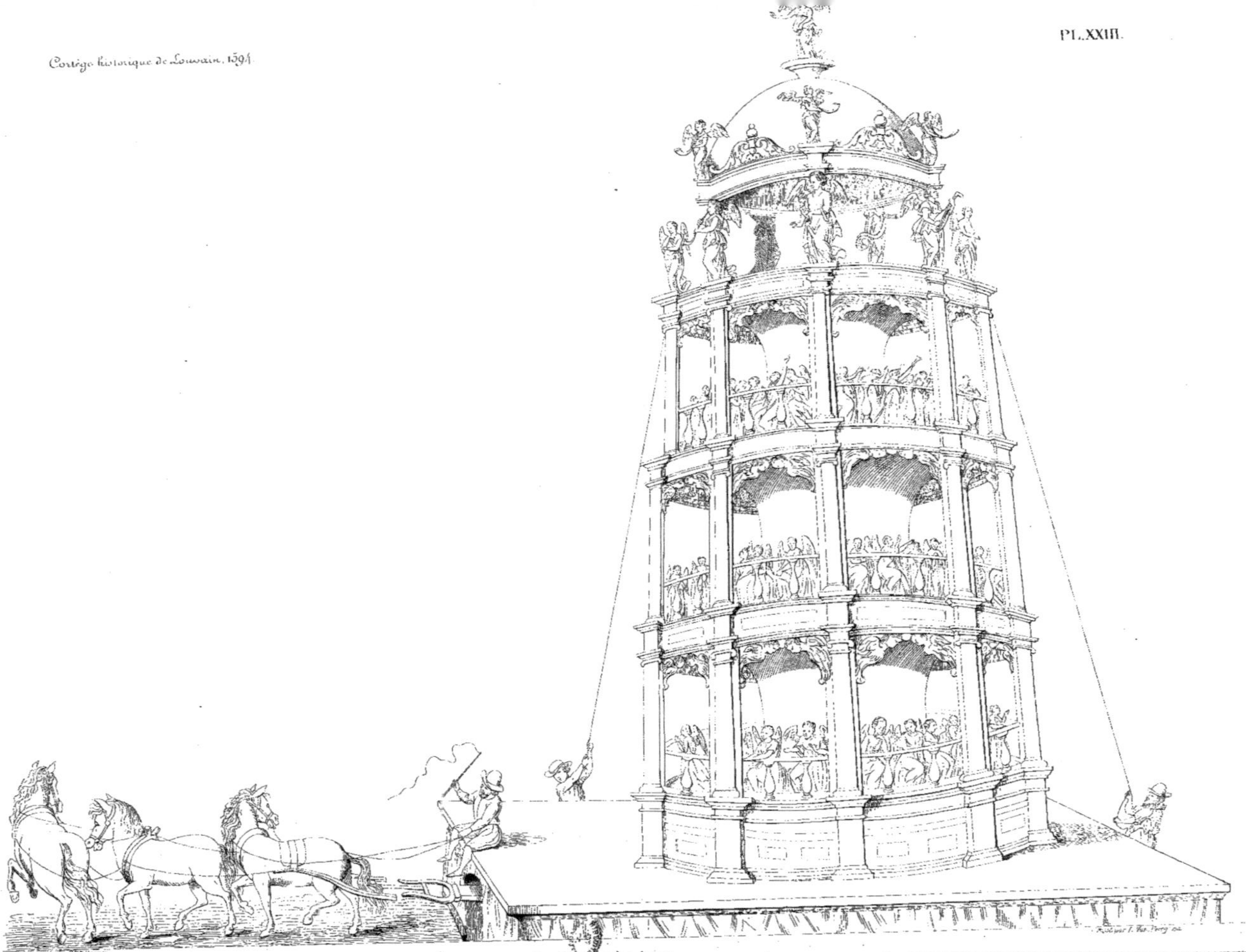

Ordres monastiques.

Récollets.

Carmes-Chaussés.

Augustins.

Dessiné par Guil. Geets.

Gravé par J. Van Przybylski.

Cortège historique de Louvain. 1594
PL. XXV.
Ordres monastiques. 
Dominicains. 
L'Abbaye de Ste Gertrude.
L'Abbaye de Parc.
L'Abbaye de Vlierbeek.
L'Ecole de St Pierre.
Dessiné par Cne Navare
Gravé par J. Van Brieghem

Cortège historique de Louvain, 1894.
Le Chapitre de St Pierre.
Les enfants de Choeur.
Les Chapelains.
Les Chanoines.
Notre Dame de Louvain.
L'Université de Louvain.
Les six Massiers.
Le Recteur magnifique.
Les Professeurs.

L'Omgang ou Cortège historique de Louvain. 1594.

Le Cheval Bayard (Voelbayart)
et les Quatre Fils Aymon.

l'Ommgang ou le Cortège historique de Louvain.

Hercule, le Géant de Louvain.

Dessiné par G.ᵐᵉ Ferrière. — Lithographié par Van Mechelen.

PL. XXIX.

Megera, épouse du Géant.

Dessiné par G.^{me} Zismet. Gravé par J. Vanderhaeghen.

Cortège historique de Louvain, 1594.

Les Serments.

Le Serment des Arquebusiers de St. Christophe.

Le petit Serment de l'Arc de St. Sébastien.

Dessiné par Ed.... Bronn.

Gravé par I. Van Hecke...

Le petit Serment de l'Arbalète de St Georges.

Le grand Serment de l'Arbalète de Notre Dame.

Cortège historique de Louvain, 1594.

Cortège historique de Louvain, 1594. 
PL. XXXIII.
Les vingt-un Jurés du Conseil. 
Les sept Echevins.
Le Mayeur et les deux Bourgmestres.
Les Notables. 
Le Dragon.
Ste Marguerite.
St Georges combattant le Dragon.

Cortège historique de Louvain, 1594.

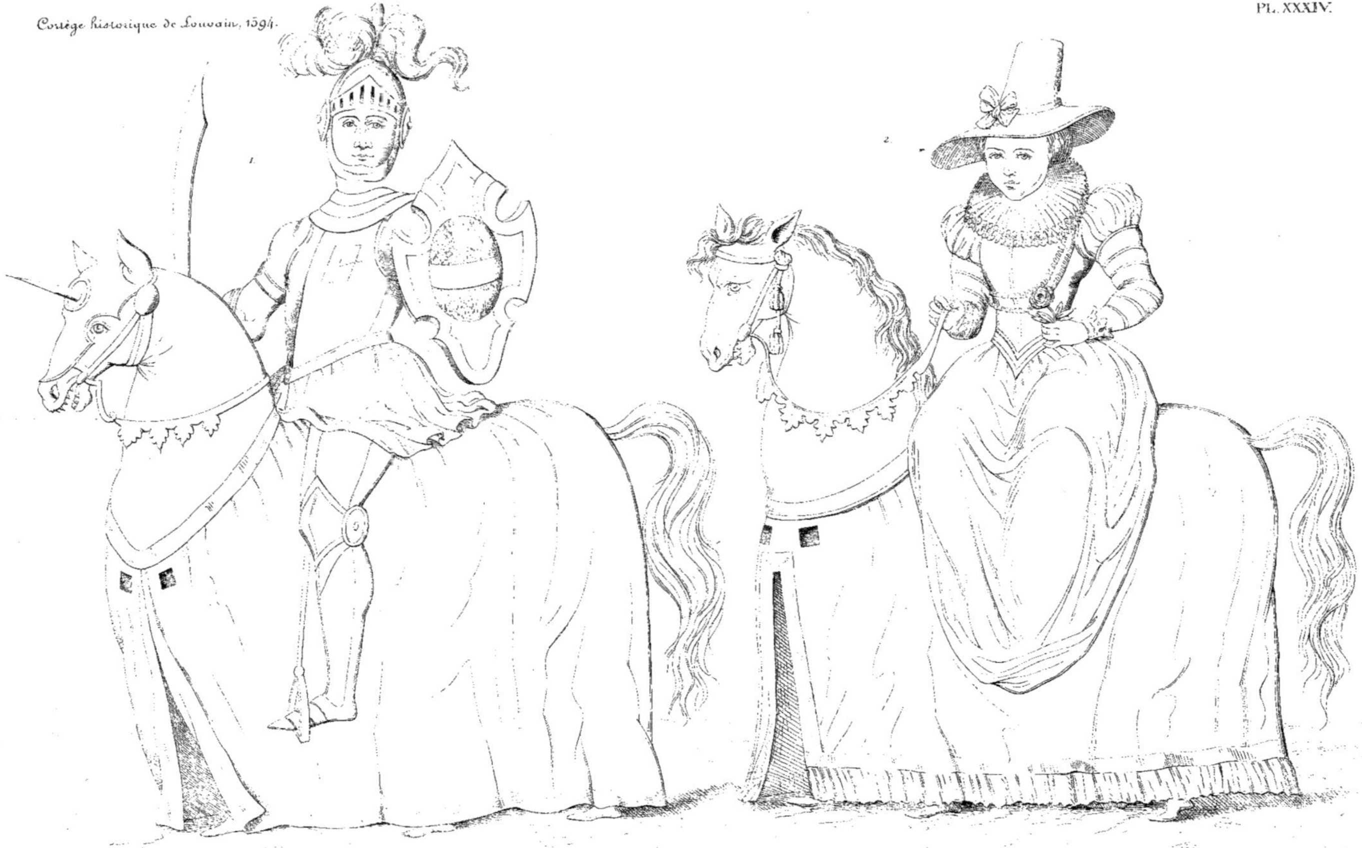

1. Le Fils du Géant.   2. La Fille du Géant.

Cortège historique de Louvain, 1594.

1. Le Grand Éléphant portant les quatre parties du monde. ——— 2. La Nourrice et l'Enfant au Berceau.

Dessiné par G᠎ᵐᵉ Boonen, 1594.

Gravé par E. Van Péteghem, 1863.

Représentation dramatique (le Jugement de Salomon,) à la Grand'Place, après la rentrée de l'Omgang.

www.ingramcontent.com/pod-product-compliance
Lightning Source LLC
Chambersburg PA
CBHW061347060726

47597CB00003B/758